华中师范大学出版基金丛书
学术著作系列

U0806483

我国高校教师聘任制改革研究

——基于马克思主义人本思想视角

庄甲鹏 著

CBJJ

華中師範大學出版社

图书在版编目（CIP）数据

我国高校教师聘任制改革研究：基于马克思主义人本思想视角/庄甲鹏著. --武汉：华中师范大学出版社，2024.12.
ISBN 978-7-5769-0787-2

Ⅰ.G645.11

中国国家版本馆 CIP 数据核字第 2024EL2725 号

我国高校教师聘任制改革研究
——基于马克思主义人本思想视角

责任编辑：胡小忠　　**责任校对**：王　胜　　**封面设计**：罗明波
编辑室：第一分社　　**电话**：027-67867317
出版发行：华中师范大学出版社有限责任公司
社址：湖北省武汉市洪山区珞喻路 152 号　　**邮编**：430079
电话：027-67861549（发行部）
网址：http://press.ccnu.edu.cn　　**电子信箱**：press@mail.ccnu.edu.cn
印刷：湖北恒泰印务有限公司　　**督印**：刘　敏
字数：194 千字
开本：710 mm×1000 mm　1/16　　**印张**：12.25
版次：2024 年 12 月第 1 版　　**印次**：2025 年 3 月第 1 次印刷
定价：76.00 元

欢迎上网查询、购书

前　言

自二十世纪八十年代末以来，我国高校根据按需设岗、公开招聘、平等竞争、择优聘任、以岗定薪、合同管理的原则，大力推行教师聘任制度改革，着力转换用人机制，在加强学校人力资源规划、凝聚优秀人才、强化岗位管理等方面采取了一系列积极的举措，有效地推进了高校教师由身份管理向岗位管理转变，由固定用人向合同用人转变，增强了高校的生机和活力。

高校教师聘任制改革成为调动教师主动性、积极性，提升高校教师队伍总体水平，增强高校教师职业吸引力的重要制度保证。但是，我国高校教师聘任制改革中也存在着一些亟须改进的问题：聘任制改革基本上由政府主导，侧重于政策体系的刚性推进而忽视了教师的主动参与；高校在推进改革时，学校处于主导地位，侧重于学校层面的统一要求而对教师的个性化需求关注偏少；侧重于外在的约束与激励而缺少对教师内在主体性发挥的关注；脱胎于西方终身教职的预聘-长聘制在我国高校也逐渐呈现"绩效工具化"的倾向，教师沦为实现高校学术增长的工具和手段，教师的发展被牺牲。对这些问题进行深入研究并寻求解决的办法，将有助于高校教师队伍建设并进一步提升教师队伍的整体质量。

笔者认为，马克思主义人本思想对于解决当前高校教师聘任制改革中的问题具有指导意义。马克思主义人本思想立足于现实生活中具体的人，即能动的、自由自觉的、在感性活动中不断地创造着历史的人，并通过个人的自主活动包括劳动最终实现每个人的自由而全面的发展。每个人自由而全面的发展在马克思主义理论体系中居于核心地位，它是马克思对人的终极人文关怀的最终落脚点，是人类追求自身解放的最高境界，是马克思构建未来共产主义社会的价值目标。本书尝试以马克思主义人本思想为指导，以高校教师聘任制改革中的人本观念缺失问题为切入点，在对马克思主义人本思想进行历史追溯和系统梳理的基础上，对高校教师聘任制改革的文献进行全面研究，并结合案例深度分析、借鉴国内外高校教师聘任制改革经验，提出基于马克思主义人本思想而推动我国高校教师聘任制改革的理论构想与实践操作模式。

首先，本书阐明了人本思想及马克思主义人本思想的科学内涵。本研究认为，中国传统文化及西方传统文化中的人本思想非常丰富，包括马克思本人在内，马克思主义人本思想是在继承和发扬传统文化基础上对人本主义理论进行的系统创新性研究。本研究认为，马克思主义人本思想的理论性质和思想内涵，不仅代表着一种价值观念，而且意味着一种存在观念。它是一种以人为根本的价值理念，同时也是一种以人为根本的存在观念；它是一种研究现实的人及其历史发展的人的学说和哲学思想，也是一种表达人的生命精神和价值追求的生命哲学和价值哲学，它是价值观、伦理观、历史观和世界观的统一。本书还重点从高校教师的工作特点及聘任制改革所蕴含的人本意蕴等方面阐释了马克思主义人本思想与高校教师聘任制的内在关联。

其次，在马克思主义人本思想视域下，本书研究了我国高校教师聘任制改革的历史与现状。在全面考察分析中华人民共和国成立后高校教师聘任制改革历史的基础上，以国内三所大学为例对聘任制实施情况进行了个案剖析，并系统分析了我国高校教师聘任制改革中存在的问题，尤其是聘任制实践中的人本缺失问题。

再次，以马克思主义人本思想为参照，本着吸收与借鉴的基本态度，本书较全面地分析了国外高校教师聘任制的实施情况，侧重对美国、德国、日本三国的高校教师聘任制的实践进行比较研究，分析这些国家教师聘任制的特色与改革经验，尤其是蕴含其中的人本价值导向，以期为我国高校教师聘任制改革提供参考借鉴。

最后，本书提出了基于马克思主义人本思想的高校教师聘任制改革构想。本研究主要从宏观整体改革思路和微观具体应对策略两个方面进行思考，认为高校教师聘任制改革的主要目标不仅要促进高等教育发展水平的提高，全面推动学校学科建设和学校发展，以提高人才培养质量为基准，更要促进教师的发展，尤其要重视调动教师的积极性、主动性和创造性。因此，本书主张在高校外部营造权利至上、自由为基的环境，使聘任制改革有着良好的社会氛围和相关的政策支持；同时还要在高校内部实施多元参与、以人为本的聘任制度，从而最大限度地调动教师的积极性，发挥教师的主动性，促进高等教育的内涵式发展。

目　录

第一章 绪 论

教育大计，教师为本。高素质、专业化、创新型的教师队伍，是高等教育发展的重要保障。高校教师聘任制则是调动教师主动性、积极性，提升高校教师队伍总体水平，增强高校教师职业吸引力的重要制度保证。作为高等教育制度的重要组成部分，高校教师聘任制度的改革与发展，在高等教育改革与发展中具有重要意义。高校教师聘任制度的建立、改革与发展，已经成为我国高等教育发展的一个重要制度保障。但是，随着我国高校全面推进“双一流”建设、朝向高等教育强国发展目标的确立，高校教师聘任制在改革和发展过程中也面临不少问题。对这些问题进行研究并寻求解决的办法，是当前高等教育发展和研究面临的重要课题。

一、研究的背景及问题的提出

高校教师聘任制是教师任用和教师管理的重要制度。实行教师聘任制，是高校人事制度的一项重要改革，也是探索建立适合高校自身定位和特点制度的重要举措。自二十世纪八十年代末以来，我国高校根据按需设岗、公开招聘、择优聘任、以岗定薪、合同管理的原则，大力推进教师聘任制度改革，着力转换用人机制，在加强学校人力资源规划、凝聚优秀人才、强化岗位管理等方面采取了一系列积极的举措。通过聘任制改革，引入了竞争激励机制，初步建立了规范、灵活、高效的用人机制，调动了教师的积极性，破除了教师职务的终身制。解决了长期以来高校普遍存在的用人机制不灵活、效率不高、身份终身制等弊端，有效地推进了高校教师由身份管理向岗位管理转变，由固定用人向合同用人转变，增强了高校用人机制的生机和活力。

当前我国高校教师聘任制实施过程中也出现了一些问题，如聘任制改革基本上由政府主导，政策体系偏重于刚性推进，学校和教师之间仍是命令与执行、决策与服从、强制与被强制的行政法律关系；高校在推进改革时，学校处于主导地位，侧重于外在的约束与激励而缺少对教师内在的主体性的激发，教师缺乏自主性、能动性；而脱胎于西方终身教职的准聘（预聘）-长聘制在我国高校也逐渐呈现“绩效工具化”的倾向，教师沦为实现高校学术增长的工具和手段，教师的发展被牺牲。2021 年 6 月，上海某高校发生了数学科学学院教师姜某刺死系领导王某一案。据称，姜某在学校工作 6 年，最终学校选择不续聘，由系领导王某通知他结果，导致姜某行凶。许多人指出，发生的这起凶案，可能和“非升即走”没有必然的关联，但是如何进一步改革完善高校教师聘任制度，使其更加科学、更具人性化，确实要引起我们的重视。

这些问题引发了人们对于聘任制改革中教师主体性缺失的反思。大家也逐渐意识到高校的改革发展应该以教师为本，只有强化教师在高校改革发展中的主体地位、发挥其主体性作用，才能进一步激发他们的动力和创造力，发挥他们的主动性和创造性，使教师的发展与学校整体事业发展相结合，进而促进高等教育的和谐与发展。

以马克思主义指导我国的社会主义教育现代化运动、教育制度实践，既是马克思主义关于人的全面而自由的发展理论自身发展的要求，也是我国教育现代化运动、教育制度实践的必然要求……同时，马克思主义关于人的全面而自由的发展理论的丰富与发展，也离不开教育现代化实践、教育制度实践①。马克思主义人本思想的核心是立足于现实的人，即能动的、自由自觉的感性活动中创造着历史的人，并提出，通过自主劳动等创造性活动去逐步实现每个人的自由而全面发展，马克思的这一思想为解决当前高校教师聘任制改革中“见物不见人”的问题提供了基本思路，并具有重要的现实指导意义。

高校教师聘任制改革中到底存在哪些问题？高校教师聘任制改革的人本依据是什么？基于马克思主义人本思想推动我国高校教师聘任制改

① 李江源，敬仕勇，沈成明．走向自由：教育制度与人的全面发展［M］．成都：四川教育出版社，2011 年版．

革的方略有哪些？目前，学者们对这些问题虽然有些探讨，但依然不够充分，尤其是缺少对马克思的人本思想之于高校教师聘任制改革的意义的深入发掘以及在此基础上的有关改革方略的系统研究。因此，我们有必要在马克思主义人本思想的语境下，就我国高校聘任制改革的概念、理据及其价值，以及当前高校教师聘任制改革中存在的问题进行深入的研究，进而探究我国高校教师聘任制改革的具体方略，以期为政府和高校提供教师聘任制改革可资借鉴的参照。

二、研究目的与意义

本研究的总体目标是在马克思主义人本思想的指导下，为政府和高校提供一个能够对高校教师聘任制改革理念、改革举措具有指导意义的框架体系，从而解决高校教师聘任制改革中指导思想上人本理念缺失，具体实践中制度工具化的问题，实现高校与教师的共同发展。

（一）理论研究层面

本研究在梳理中西人本思想基础上，深入分析马克思主义人本思想的精神内核，同时对高校教师聘任制相关概念的内涵进行界定和解读，进一步明晰对高校教师聘任制的理论认知。具体来讲，主要包括以下几个方面。

1. 有助于马克思主义理论的拓展与深化

按照一般的说法，马克思主义主要是由马克思主义哲学、马克思主义政治经济学和科学社会主义这三大部分所构成的科学的理论体系。马克思主义追求真理和价值的统一，揭示了人类社会发展的一般规律。本研究基于马克思主义人本思想的视角，综合运用多门学科知识，探寻高校教师聘任制改革在马克思主义人本思想指导下的基础理论，并探索尝试拓展和深化对马克思主义理论的理解，从而提升其对现实问题的解释力。

2. 有助于深化高校教师发展理论

本研究立足于不同岗位教师的职责特点、所处的不同职业发展阶段，坚持共通性与特殊性、水平业绩与发展潜力相结合，按照学科发展水平分类分层设置岗位及聘任要求，从而构建一套既能符合教师成长发展规律又能促进高校学术水平提升的岗位聘任体系。该体系将考核目标定位于促进教师专业能力的成长和持续发展，将发展性评价贯穿教师聘任的全过程，在教师评价中重视教师自我评价，有效发挥评价的激励作用和导向作用，从而实现学校整体发展与教师个体成长的相向而行、相辅相成及良性互动。这种强调教师自为、自觉的教师发展观，有利于超越客体性异化的教师专业发展观，从而弥补传统的仅以满足高校发展为目的的工具理性主义取向的教师发展理论的不足。

（二）实践应用层面

本研究坚持哲学价值论上的“内在价值”与“外在价值”（工具价值）相统一的原则，立足于我国高校教师聘任制的现实状况，对我国高校教师聘任制改革中存在的问题及其成因进行系统剖析。在此基础上，本研究基于马克思主义人本思想，提出高校教师聘任制改革的主要原则和基本内容，并从外部环境、内在制度及教师主体这三个方面，提出并论证推进我国高校教师聘任制改革的理念与实践模式，为高校提升办学水平，促进高校和谐、稳定与可持续地发展提供策略建议。

教师是高校发展的核心与关键，对于高校而言，其人才培养、科学研究、社会服务、文化传承创新和国际交流合作的成效都取决于是否拥有一支高素质的教师队伍。当前，我国高校已经普遍推行了教师聘任制，这促进了高校事业的发展。但是从总体上看，我国高校教师聘任制目前仍存在着许多待完善之处，改革仍要继续深化。对高校教师聘任制进行深入研究，发现其中存在的问题，通过有效的改革来不断完善和发展聘任制，对于充分发挥教师主体作用，进一步优化高校人力资源配置，具有十分重要的意义。

三、相关概念的界定

以概念、结构分析为起点是认识事物本质的有效方法，因此厘清高校教师聘任制的内涵是理解高校教师聘任制的本质并展开分析的必要前提。高校教师聘任制是高等学校教师管理和任用的基本制度，这项制度涉及高校、教师、聘任制等相关概念。

（一）高校

高等学校简称高校，是以实施各级各类高等教育为主要职能的机构。

高等学校种类繁多，名称各异，主要有大学、学院、高等专科学校、多科技术学院、高等职业学校、社区学院、初级学院等。大学和学院是其主要组织形态，高等学校系统的多样性是现代高等教育的基本特征。

布鲁贝克认为高校是“传递深奥的知识，分析、批判现存知识，并探索新的学问领域”① 的机构。大学与高校的词义相近。《教育大辞典》对大学的解释有两种：一是指高等学校的一种；二是泛指各种高等学校。从大学产生和形成的角度来说，英国、德国等是先有大学后有学院，法国、美国等则是先有学院后有大学，因此，大学的概念是历史的、动态的、发展的。在我国，根据《中华人民共和国高等教育法》第六十八条的规定：“高等学校是指大学、独立设置的学院和高等专科学校，其中包括高等职业学校和成人高等学校”。我们一般所说的高校更倾向于大学，指综合性地提供教学和研究条件，以及授权颁发学位的高等教育机构。

本书中的高校（高等学校、高等院校）主要是指由国家（包括中央和地方政府）设立的公立学校。由于本书涉及纵向和横向研究，因此，本书中对高校一词的使用涉及几个层面：第一，在论及高校教师聘任制的历史演变过程时，为尽量在较为宽阔的时空跨度内审视高校教师聘任制，本书是在最为宽泛的意义上使用高校一词。第二，在论及高校教师聘任制改革实践时，所指的高校主要是指现代意义上以教学、科研和社会服务等为主要职能的高等教育机构，尤其是全日制普通高等学校中的本科及以上层次的大学或学院。因为高校教师聘任制改革的实践多发生在这类院校。并且，高校一词在本书中主要与中小学相区别，属于第三级教育。

（二）高校教师

教师是在学校中履行教育教学职责，根据一定的社会要求，有计划、有组织地对学生进行培养思想品德、传授知识技能、发展能力的教育活动，使之成为合格的社会成员的专业人员。而高校教师是在高等院校从事教学和研究工作的人员。他们是高等学校办学的主体力量，履行为国家、社会培养高文化层次、高素质人才的职责。高校教师具有多重身份

① ［美］约翰·S. 布鲁贝克. 高等教育哲学［M］. 王承绪，郑继伟，张维平，等译. 杭州：浙江教育出版社，2001 年版.

和职责，既是文化科学知识的传递者，又是文化科学知识的创造者；既是教育工作者，又是社会服务者。西方文化传统上认为高等学校教师是一种自由职业，这源于中世纪时大学教师可以自由流动的传统；又被视为一种学术职业，所从事的活动主要是学术活动，须遵从一定的学术规范和学科规训制度，享有学术自由。

概言之，本研究所谓的高校教师是专指在高校中直接从事教学和科研学术工作的那部分人。

（三）高校教师聘任制

聘任制是用人单位根据岗位要求和应聘者资格，按照平等自愿、协商一致的原则，以合同形式明确双方责任、权利和义务的任用制度。合同的双方在法律上的地位是平等的，是双方的法律行为；合同的成立必须是双方当事人的意见表示一致，它一经签订，就具有法律效力，受法律约束。合同规定了双方的责权利及有效期限，个人有应聘和辞聘的权利，用人单位有聘用和解聘的权利。合同期满后，经双方同意，可以续聘。这项制度适用于专业技术人员、专家和科研人员。除了聘任制，选任制、派任制、考任制也是目前通行的对各类专业人员的聘用制度。

在《中国教育大百科全书》中对教师聘任制有较为详细的解释：教师聘任制是指学校或教育行政部门根据教育教学岗位设置，聘请有资格的人员担任相应教师职务的制度。在我国，《中华人民共和国教师法》规定，国家实行教师职务制度。《中华人民共和国教师法》第十七条规定：学校和其他教育机构应当逐步实行教师聘任制。教师的聘任应当遵循双方地位平等的原则，由学校和教师签订聘任合同，明确规定双方的权利、义务和责任。教师聘任制度的建立是基于确保教育教学质量的需要，它打破了教师终身聘用制，促进了人才的合理流动，对于提高教师队伍的整体素质，调动教师教育教学和科研工作的积极性，建立“公平、竞争、择优”的教师人才选拔机制具有重要意义。学校在教师招聘中享有较大的自主权，教师招聘工作具有公开性，同时有严格的教师聘任条件及考核程序。教师聘任的形式有招聘、续聘、解聘和辞聘四种形式。

在聘任制实施前，我国采用单一的“评聘结合”的职称管理模式，专业技术人员的职称就是其岗位，享受该职称对应的待遇。随着社会发展，尤其是事业单位聘任制改革后，逐步产生了对专业技术人员的水平评价与聘任岗位相分离的需要，即评聘分离。聘任的岗位称为“专业技术职务”，简称“职务”。职务一般是指职位，即相同的职务，但不同学校其任职要求可以不完全相同。

高校教师聘任制是教师聘任制度在高校的适用，高校按照相应岗位的职责、条件和任期来聘任教师。其特点可以概括为按需设岗、公开招聘、平等竞争、择优聘任、以岗定薪、合同管理。学校根据教学、科研等需要设置科学合理的岗位，明确规定相应岗位应履行的工作职责及工作任务，坚持标准并通过相应的聘任程序对应聘者进行全面考核，学校与应聘教师签订聘任合同并明确规定双方的权利和义务。高校教师聘任制的核心就是按需设岗、择优聘用和合同管理。按需设岗就是要从“身份管理”向“岗位管理”转变，强化岗位意识；择优聘用，即面向国内外公开招聘教师，建立竞争和优化机制；合同管理，即建立学校与教师责权利相统一的平等契约关系，变教师终身制为聘期制，最终形成能上能下、优胜劣汰、合理流动的竞争激励机制。

（四）人本主义

当前，我国学术界一般认为 humanism 可以翻译为人本主义、人道主义或人文主义。而 humanism 的这三种不同含义是在西方的文化传统中逐渐形成的，具有共在性，有时更是混同使用。所以 humanism 并没有一个统一的含义，人们在文献阅读中需要根据上下文来确定它的具体意义。一般来说，人本主义主要是从本体论和社会历史观的角度，回答什么是人、人性和人的本质，人在世界和社会中的地位，其基本主张是以人为本原认识和处理人与世界、人与社会以及人与人之间的关系，也就是以人为中心，以人为主体，以人为尺度。人道主义则主要是从价值观的角度，主张尊重人的价值，把实行平等、自由和基本人权作为指导和评价人们行为的规范和标准。人文主义则是指以世俗的人为研究对象的广义人文学科以及在此种意义上对所谓“科学主义”的排斥甚至批判，它肯定人的理性、尊严、个性和价值，坚持人是最高目的，并确立了人是衡量一切事物的标准的思想观念。

由此可见，人本主义是在本体论意义上将人与物作根本的区分，强调人是出发点和归宿，世界上的所有意义和价值都是因人而生，人比物贵，离开了人的物质世界没有任何意义和价值；而人道主义则主要在价值论意义上强调人的尊严和价值，人不仅是价值的载体，更是价值的创造者和实现者，尊重人、关心人是一切的价值选择的中心和前提；至于人文主义更多是在认识论层面强调从人出发去认识和甄别事物与现象，它与科学主义的认识论一起，构成人类认识的两种基本方式与认识路线，在人类认识事物和现象的过程中，分别扮演着不同的角色，发挥着不同的功能。在以上含义或用法中，以人为本是其共同的，也是基本的原则。

四、国内外相关研究综述

(一) 关于人本主义及马克思主义人本思想的探讨

1. 人本主义释义

人本主义作为一种学说或思想，内涵丰富，许多学者对其进行了较为全面的阐释，这方面的研究较多。刘放桐在《现代西方人本主义哲学思潮的来龙去脉》中梳理了一百多年来西方人本主义的发展历程，认为人本主义泛指一切从人本身出发来研究人的本质以及人与自然的关系、人与人之间的关系的理论，也是一种以人为出发点并以人为中心的哲学理论。刘永富的《关于人本主义的若干问题——为考察世纪之交的哲学走向而作》提出，人本主义以人作为最终的根据和最高目的，反对离开了人去谈论其他的问题，人本主义思想渗透西方哲学发展的始终。李万军在《西方人本主义思潮的生成及其流变》中指出，人本主义具有多维性，即存在的维度、心理的维度和符号的维度，其主旨是以人为本，把人作为衡量一切的尺度，强调以人为中心，关注人的价值、尊严、人的自由等。袁贵仁在《人的理论：马克思的回答》中提出，人本主义就是以人为本，以人为出发点和中心的一种哲学理论，它强调人的价值、尊严、力量及人的地位和作用，对人性、人格高度重视。胡敏中在《论人本主义》中指出，人本主义在不同的历史阶段具有不同的理论形态和理论特色，并认为其有三个方面的含义：用人本观来解释世界、社会历史的世界观、历史观的人本主义，倡导人文精神的人本主义，对系列人生问题看法的人生观、价值观的人本主义。江天骥在《科学主义和人本主义的关系问题》中提出，人本主义有两种含义，一种含义是历史上承认人的价值，以人为万物的尺度，或以人性等为主体的哲学思想；还有一种含义就是指当代的主体哲学。周育国在《马克思主义人本理念的当代视域》中提出，人本主义是一种对人的存在、人的价值与意义高度肯定的理论学说，并且肯定了人的价值和人本的地位。

还有部分学者从人文主义、人道主义、人本主义的基本概念进行辨析，并作出了许多有益的探索和多方面论证，在比较中对人本主义的含义进行了阐释。

陈尚伟认为 humanism 一词可以翻译为人本主义、人道主义或人文主义，而 humanism 的这三种不同含义是在西方的文化传统中逐渐形成的，具有以人为本的共同性，有时更是混同使用，对 humanism 一词要在不同的语境中加以理解，把握其具体内涵。而人本主义主张把人作为根本、出发点、归宿，并把人的研究作为核心，因此更具有理论的维度。崔秋锁等人提出，人本主义、人文主义、人道主义三者之间存在着很紧密的关联。人道主义是人文主义的理论形态和观念形态，人本主义在实质上则属于人道主义的理念层面。人本主义是一个对人而言更深刻、更内在、更本质的概念，是一个反映和表达人之地位、作用、价值和意义的哲学概念。人本主义不仅仅是一种价值观念、道德原则和伦理规范，而且是一种存在观念、历史观念和世界观念。袁贵仁重点从人道主义的发展历程及与马克思的人学思想的区别与联系等方面来谈人本主义，并指出人道主义和人本主义的理论根源和思想原则存在相通性。李万军从 humanism 一词的基本语义出发，分析了人本主义、人道主义、人文主义的内在关联及其区别，认为人文主义是从文化思潮的角度，人道主义是从价值观的角度，而人本主义主要是从哲学的角度，从而为人本主义思想划分自身的边界。

上述学者从不同的角度对人本主义进行了相应的界定，但基本上都认同：人本主义要研究人，以人为出发点和落脚点。

2. 人本主义的发展历程

人本思想无论在中国还是西方都源远流长，许多学者通过梳理人本主义的发展脉络来阐释其在不同历史时期的不同内涵。刘永富指出，人本主义的思想几乎渗透在从古至今的西方各种哲学之中，而非仅仅是与所谓的科学主义相对的一种思潮。胡敏中在《论人本主义》中对西方人本主义思想的演化进程进行了梳理，认为古希腊奠定了人本主义的传统并在近代得到了恢复和发展。近代人本主义思想在文艺复兴时期完成，但是到了德国古典哲学家费尔巴哈那里才成了系统的理论学说。而人本主义思想发展到了现代却出现反转，走向了理性主义的反面即非理性主义。而当代西方的文化人本主义则预示着理性人本主义和非理性人本主义的综合趋势。魏金声在《人本主义与存在主义》一书中，比较详细地介绍了西方人本主义思想的来龙去脉。并认为现代西方人本主义与古近代西方人学相比，虽然有很多相同之处，但由于历史条件不同，因而有很大的区别，不仅是原则的区别，甚至可以说，现代西方以非理性为特征的人本主义思潮是对西方思想观念中的人学倾向的一种否定。陈尚伟对西方的人本主义传统进行了梳理，分别从古希腊哲学中的人本思想、希腊化时期的人本主义思想、欧洲中世纪的宗教人学思想、文艺复兴和宗教改革对人本主义的复兴、近代英国的经验主义人性论、法国启蒙学者的人学思想、德国古典哲学的人本思想等方面对西方哲学中的人本主义传统进行了详细论述。周育国指出，自从人类开始了对自己认识的道路，就将人的问题贯穿在人类哲学思维活动的始终。人们是在不断地读解自我中，明晰着人之本位的内涵；又在追求人之本位中，认识这人类自身，这一过程随着人类实践的发展而不断向前推进。他从古希腊的时期人本理念的初开与成长、中世纪到“文艺复兴”时期人本理念的遮蔽与解蔽、近代社会人本理念的理性高歌与实践弘扬等方面追溯了人本理念的历史发展脉络并勾勒出人本理念的历史流变。宋宁娜在《西方人本主义教育思潮评述》一文中，侧重从西方人本主义教育思想发展的角度对人本主义的发展历史进行了梳理。

总之，对于西方人本主义的研究，大多是在哲学的视角下阐述的，是一种哲学视角下的人本主义，主要是指从人本身出发来研究人的本质，以及人与自然、人与人之间的关系的理论。

3. 马克思主义人本思想

在国内，马克思主义理论研究一直是学术界的热点。在国外，随着一批西方马克思主义流派的兴起，学者们重新审视马克思主义的理论观点，发展了马克思的异化理论，试图寻找现代人摆脱普遍的异化或物化的文化困境，实现人的自由和解放的新途径。

国外学术界关于马克思主义人本思想研究的代表观点大致可以分为两类。一类是西方马克思主义认为马克思主义理论体系中不仅存在人本主义，而且前后一致、贯穿始终，他们主张用人本主义逻辑统摄马克思的全部文本。卢卡奇提出的物化理论及主客体统一的辩证法就继承了马克思的异化理论和实践学说。科尔施的总体性革命理论通过反复揭示马克思学说内在的哲学本性及理论与实践的不可分割的内在统一而倡导批判的、革命的和总体性的马克思主义，从而致力于弘扬人类实践所内在固有的革命本性和批判精神，使人类摆脱和扬弃异化力量的统治，真正实现人的自由和人的解放。葛兰西关注人的本质和存在，他从人的存在和人的主体性的角度重新阐述马克思的哲学理论，并提出了以“实践一元论”为标志的实践哲学构想。他对人类实践在 20 世纪所呈现的矛盾和人类的生存困境进行了特别的关注，并以此为背景，重新解读和建构了马克思的实践哲学，重点阐释了马克思主义哲学同现时代的本质性关联，从而对马克思主义主题进行了现代化的转变。以上三人都发挥了青年马克思的异化理论和实践哲学构想，并且在某种程度上接受了现代西方人本主义的影响，从而形成了人本主义马克思主义倾向或思潮。法兰克福学派的社会批判理论或文化批判理论继承了马克思异化理论的人道主义精神，对于 20 世纪人类的文化困境作了深刻的剖析。弗洛姆论述了马克思关于人的本性、异化以及社会主义的观点，认为马克思人本主义思想是前后统一和连贯的。他指出马克思在晚年的确抛弃了早年马克思的一些术语，比如“异化”“人的本质”等，但术语的转换并不表明马克思从根本上抛弃了人本主义思想，马克思只不过换用了另一些更加规范的术语，表达的还是同样的思想。约翰·洛克认为，成年马克思是否放弃了人本主义，在传统马克思研究领域是一个引人注意的问题。他认为马克思在 1844 年的《经济学哲学手稿》和《资本论》中都对异化和解放的概念进行了详细的阐述。由此，洛克认为马克思从早期到晚期都一直致力于人本主义并且从来都没有间断过。

国外学术界另一类观点则认为人本主义思想在马克思主义理论体系中并不存在，或者人本主义思想在马克思主义理论体系中是断裂的，如阿尔都赛的“断裂说”。阿尔都赛强调了马克思主义的科学性与客观性，并采用结构主义的方法来解释马克思主义。他以《关于费尔巴哈的提纲》和《德意志意识形态》为界，认为之前的马克思的理论是在人本主义意识形态的框架之内，并将此时马克思的理论称为“理论上的人道主义”；而在此以后的马克思的理论是科学，称为“理论上的反人道主义”，并且认为马克思主义是从费尔巴哈抽象的“人”“人道主义”决裂中产生的。

国内学术界对马克思主义人本思想的研究非常丰富。崔秋锁等人著的《马克思人本思想研究》一书就系统研究了马克思主义人本思想，并对马克思主义人本思想的概念前提、形成基础、范式维度和生成根源等问题进行了历史考察与理论分析，重点探讨和论述了马克思人本思想的实质内涵、存在理念、价值观念和思想逻辑，同时对马克思主义人本主义思想的历史定位、现实意义、当代价值和现实意蕴等问题进行了初步探讨并作出了理论阐释。张奎良在《以人为本的世界历史意义》一文中指出马克思的人本主义思想是实践人本思想，人具有本体论意义上的世界之本和价值论意义上的世界之本这两种含义。赵敦华则在《西方人本主义的传统与马克思主义的“以人为本”思想》中指出，在马克思主义哲学史和思想史中，马克思的人本主义思想是重要内容。马克思对过去的西方人本主义传统进行了扬弃和变革，在批判旧唯物主义过程中，马克思的人本主义思想与唯物史观、政治经济学理论同时被创立。邓晓芒等人认为，马克思的实践唯物主义本身具有强烈的人本主义色彩，实践唯物主义立足于现实的人和现实的人类社会，是唯物主义的人本主义。

有的学者侧重于从马克思著作文本的解读中探讨其人本思想，认为马克思著作中具有丰富的人本主义思想，马克思的人本主义思想经历了萌芽、初步形成、初步成熟的过程，并形成了比较完整的人本主义思想体系。陈尚伟在《马克思哲学中的“以人为本”研究——对马克思人本思想的文本解读》一书中，以马克思的《资本论》等文本中人本思想的主要内容及其发展逻辑，论述了以人为本思想在马克思哲学中的学术地位及其自身的理论发展，认为以人为本是马克思哲学的基本原则，不仅在马克思哲学的萌芽、建构与发展的过程之中有体现，更体现在马克思哲学的基本理论中。吴楠等在《马克思人本思想的历史轨迹及其当代价值》一书中，通过对马克思文本的解读和分析，阐释了马克思早期人本思想的形成过程、主要观点、理论地位、当代价值及社会功能等内容。

有的学者探讨了马克思人本思想与其他人本主义的关系。陈义珍在《马克思对费尔巴哈人本主义和自然主义的继承和超越》中提出，马克思虽然继承了费尔巴哈的人本主义，但又超越了费尔巴哈的人本主义，马克思从实践活动出发来理解世界和人自身，创立了以人的实践为基础的新的本体论，从而克服了费尔巴哈人本主义的局限性。周育国认为马克思主义的人本理念与西方传统的人本主义和现代西方的人本主义思潮有根本的区别，三者虽然都是关注人的存在与发展问题的理论学说，但其本质区别却在于对人的社会存在与社会本质的认识上，马克思主义人本理念科学揭示了人的社会本质属性。张富文在《马克思的人本思想概念之探析》一文中提出，马克思的人本思想是马克思学说不可或缺的组成部分，可以从本体论、历史观和价值论三个方面进行阐释，并提出马克思人本思想与费尔巴哈人本主义、现代西方人本主义思潮和中国传统民本思想虽然存在共同性，但是有根本的区别。

有的学者着重论述了马克思人本思想的启示或意义，如李天莉在《马克思的人本学说及其伦理启示》一文中说明了马克思对人的本质的揭示及其意义，在此基础上论证了马克思是关于人的价值及其实现方式的学说，探讨了马克思人本学说的基本内容及其伦理启示。魏新强在《基于马克思主义人本观的企业道德责任研究》一书中，以马克思主义人本观为切入点，以企业道德责任建设中的人本缺失问题为导向，提出基于马克思主义人本观推动我国企业道德责任建设的理论与实践模式。

有的学者还探讨了马克思主义人本思想的中国化及其当代价值问题。张富文在《马克思主义人本思想中国化研究》一书中重点研究并阐释了马克思主义人本思想的中国化问题，以马克思主义人本思想为基础，运用了辩证唯物主义和历史唯物主义、比较研究、文本分析以及共时性和历时性等研究方法，较为全面地归纳概括了马克思主义人本思想中国化的理论成果，深刻揭示了马克思主义人本思想中国化的重要地位，并系统总结了马克思主义人本思想中国化的历史经验。赵兴良在《马克思的人本思想及其当代价值》中提出，马克思的人本思想具有极为重要的理论意义和现实意义，应把马克思的人本思想及其在当代中国转化的理论成果——以人为本的科学发展观作为建设中国特色社会主义的指导思想。肖勤福提出了马克思主义人本思想在当代中国的实践性问题，认为要实践马克思主义人本思想，把发展的重心转移到人，即发展为了人、发展依靠人、发展适应人、发展体现人，以人为本，解决突出的民生问题。陶富源等人提出，弘扬马克思学说的现实人本主题，对建立和完善人民当家作主的社会主义制度，坚持以人为本的中国特色社会主义发展方向，努力践行立党为公、执政为民的中国共产党执政理念，都具有重大意义。宝成关等人指出，以人为本继承和发展了马克思主义人的全面发展学说和马克思主义的人本思想，对我国社会主义事业的建设和发展具有重要意义。

（二）关于高校教师聘任制的研究

1. 高校教师聘任制的界定

研究者普遍认为，高校教师聘任制就是教师职务岗位聘任，是在高校和教师双向选择的基础上，以合同的形式明确岗位设置、任职要求、薪酬待遇、考核评价等环节以及聘任双方的责权利的一种教师任用和管理制度。

许多研究者及高校人事人才工作者从高校人事制度改革的角度探讨教师聘任制的改革。周海涛在《试论一流大学教师队伍建设》中指出，教师聘任制是一种竞争机制和激励机制，能够实现师资流动和动态管理，促进高校人力资源的优化配置，从而发挥教师的最大效益。我国的大学可以借鉴其合理做法，公开招聘、择优录用、双向选择、合同管理、聘期明确、合理流动，从而逐步建立适合我国一流大学教师管理特点的完全的聘任制。李秀芳在《新形势下高校师资队伍建设问题的思考》中指出，高校教师面临着科学技术发展给高等教育带来的挑战、网络化条件下面临的挑战、素质教育要求下教学模式面临的挑战及教学规模扩大(扩招）下教育质量面临的挑战等，要加强师资队伍建设，优化师资结构，完善教师职务聘任制，强化竞争和激励机制，制度创新，改革人才管理的体制和机制。庄晨忠在《高校教师队伍管理探析》中指出，要实行聘任制，变“身份管理”为“岗位管理”。要改革计划经济时代形成的封闭静态的高校教师队伍管理状况，建立起能上能下、能进能出、竞争激励的新型人事管理体制，形成以市场为导向的、有利于教师合理流动的开放性的动态调节管理机制，关键之一是实施以岗位聘任为特点的聘任制。何祥林在《从人本管理视角认识和加强高校教师队伍建设》中指出，建立良性的用人机制，完善岗位聘用制度，就是要切实实行教师岗位分级设置与聘用制度，按需设岗、择优聘任、以岗定薪、合同管理，要淡化身份管理，强化岗位管理，从而打破终身制，使高校的教师能进能出、职务能上能下、待遇能升能降，只有这样，优秀教师才能够脱颖而出，最终建成一个充满生机与活力的良性用人机制。

赵翠英在《如何有效推进高校教师职务聘任制改革》中指出了教师

职务聘任制的几个突出特点：一是打破职务的终身制，由头衔变为自身；二是以岗位聘任，淡化身份，实现评聘合一；三是建立双向选择、合同管理的用人机制，实现了单位和个人的自主、自愿；四是初步建立了体现客观性和公正性的学术评价机制，营造了公平竞争及科学合理的人才环境。纪宝成在《以改革精神把教师聘任制完善和实施好》一文中指出，聘任制是一种保障学校和教师双方合法权益的机制，是一种科学高效选拔人才的机制，是一种鼓励教师传道、育人的机制，是一种全面、客观地评价教师业绩和能力的机制，也是一种体现并鼓励教师履职和创造佳绩的价值实现机制。

2. 对我国高校教师聘任制改革阶段的不同划分

学者们对我国高校教师聘任制的历史进行了分段并对聘任制的改革进程进行了相应的梳理。如赵庆典的《我国高校教师职务制度 50 年回顾与展望》、杨慧选的《试论我国高校教师职称评聘的历史演变及发展态势》、金振源与顾爱军的《我国高校教师职务评聘制度的建立和发展》、李子江的《我国高校教师职务管理制度的历史沿革与展望》、阎光才的《高校教师聘任制度改革的轨迹、问题与未来去向》等。关于我国高校教师聘任制变迁的历史划分，研究者有的依据时间先后，有的按照国家政策沿袭，从而形成不同的阶段划分。徐雷等在《高校教师聘用制的制度逻辑与演进路径》一文中则是从历史源流与政策脉络的角度回溯了高校教师聘用制的制度逻辑并分析了其演进历程。同时，研究者认为，高校教师聘任制改革依旧在探索和实验中不断推进、深化。

3. 高校教师聘任制改革中问题的研究

学者们对于高校教师聘任制的改革路径以及聘任制改革中存在的一些突出问题进行了相关探讨。

赵志鲲在《我国大学教师聘用制度改革探析》中对大学教师聘用管理中涉及的聘用权力、岗位设置、教师选聘和教师评价等四个方面的问题进行了探讨。他指出，学术权力和行政权力发生冲突，使学术权力弱化，在一定程度上削弱了知识分子的主人翁意识和责任感，阻碍了教师们的学术创造；还存在“因人设岗”的做法，距真正意义上的岗位设置还有很大距离；整体上是一种封闭的机制，常常是内部的聘用；简单的量化评价方式导致学术研究中形成重数量、轻质量的状况，并且评价从手段异化为目的，教师常常围绕着评价工作在转，学术研究越来越功利化。陈永明对一些国家教师聘任制改革的利弊得失进行了分析，认为聘任制可能会造成高校像企业一样追求效率，从而产生短期业绩主义的弊害；教师可能会对聘任改革有激烈的反应，并且会影响教师的独立性；聘任制改革还会造成重科研、轻教学现象的出现，进而使得大学失去活力。张万朋在《中外高校教师聘用制度的比较研究》一文中，对我国高校教师聘任制中存在的思维定势、方向目标偏离及政策的不配套等问题进行了论述。一是聘任制改革后，由于宣传不到位，高校中的教师和管理者还停留在职称评定的观念中，存在严重的“平均主义”“论资排辈”现象，没有实现职务聘任的观念转变。二是在具体执行层面上，存在着重评审、轻聘任的倾向、注重评上任职资格，不重视工作任务、岗位职责的完成和履行。三是相应政策的不配套，部分高校在教师职务聘任过程中缺乏相应的职务评审权，还有部分高校忽视了将教师的培养工作与其聘任相结合等。黄伟在《深化高校教师职务聘任制改革的若干思考》中提出，我国尽管在 1986 年就在高等学校中开始实行教师聘任制度，但因为制度本身的不完善，加上社会政策环境及系列相关的改革不能配套，还有传统观念的束缚，所以包括高校教师的职务聘任制未能真正实施到位。“职称”变成了“职务任职资格”，“职称评审制”变成了“职务评聘制”。

王寰安以教师问卷调查和典型访谈方式对高校教师聘任制现状和问题进行全面调查，在《高校实施教师聘任制的现状调查及政策建议》中指出我国高校教师聘任制在实施中也存在签约双方地位不对等，聘任合约不明确；考核及晋升标准不合理，量化管理严重；考核晋升受人为因素影响；解约困难等问题。

蔡连玉等人在《我国高校“预聘-长聘”绩效工具化及其治理研究》中，指出“预聘-长聘”制在我国高校本土化过程中呈现出科研产出导向、重量轻质和单向度的行政管控等绩效工具化倾向。这虽然在短时间内能够提高科研产出，但是对学术生态及教师主体性、主动性都造成了负面的影响。

4. 关于中外高校教师聘任制的比较研究

陶遵谦的《国外高等学校教师聘任及晋升制度》一书较为系统地介绍了苏联、美国、法国、日本、英国、联邦德国等国家高等学校教师队伍的结构、教师职责、考核、晋升以及聘任制度等，并附有部分有关的法令、条例译文。陈永明等人对美国、英国、法国、德国、日本等发达国家高校的人事制度现状及其特征、高校教师聘任制的实施情况等方面进行了比较，并分析了这些国家在高校教师聘任改革中的利弊得失，从而为我们国家的改革提供借鉴，促进我国高校的师资队伍建设。

还有学者就某一国家的高校教师聘任制实施情况进行专门研究介绍，其中，美国高校的终身教职制度及改革情况、德国高校的讲座教授制及改革情况等是学者们重点研究和探讨的对象。贾永堂、顾永红、王名扬等人对美国高校教师聘任制的特点、变迁及改革动向等问题展开了研究；刘虹结合加州大学的案例对美国终身教职制的基本要素、内在机理和对我国高校的启示等方面进行了研究。张凌云对德国高校教师聘任制度的特点、改革动向进行了研究；澎湃、叶强等人从德国大学教师聘任制改革尤其是青年教授职位的引入及对我国高校人事制度改革的借鉴意义等方面展开了研究。傅凰、张文静、张俊超等人从日本大学的教师任用制度、日本高校人事管理制度、日本大学教师聘任制改革趋势等方面对日本高校的教师聘任制及改革情况进行了研究。这些研究对我们了解国外尤其是欧美发达国家的教师聘任制的实施情况非常有帮助。

国外对于高校教师聘任制的研究相对成熟，尤其是美国的文献更为丰富和深入。国外学者较多地是从教师学术职业这一视角来研究高校教师聘任制。

1990 年，博耶和阿特巴赫共同主持了卡耐基教学促进基金会组织的建立在学术职业的国际调查基础上的研究，在 1992—1993 年对十四个国家和地区的学者进行了涉及教师聘任制度在内的学术职业方面的基本状况调查，并出版了《国际学术职业：十四个国家和地区概览》一书。阿特巴赫还在他主编的《变革中的学术职业：比较的视野》一书中分析了欧美八个国家学术职业的变化情况，如学术工作条件、聘任要求及薪酬等方面发生的重大变化，以及兼职教授的比例正在上升，传统的终身制的教授职位越来越少等。

由于国外高校教师聘任制度的主要形式是终身教职制，国外对于这方面的研究较多。如理查德·夏泰主编的一书就汇集了当时研究美国终身教职的主要成果。还有的学者则重点探讨了如何完善教师评估、改进晋升和终身教职评定程序以及如何完善学术评价等问题。

5. 对高校教师聘任制改革反思的研究

随着聘任制改革的不断深化，学者及高校的管理者们也在对改革进行反思。这些反思涉及多个层面，有的从聘任制本身进行了思考，如聘任制改革中制度的设计、流程的再造、评价的导向、教师权益的维护问题入手；还有的从聘任制实施的主体——高校方面进行反思，如高校的定位、办学的理念、价值的导向等；还有的从聘任制实施的外部社会环境展开思考，如法律法制的完备、社会保障的加强等。

卢威提出，我国高校的聘任制改革是事业单位人事制度改革的制度环境和教育资源的类市场化配置的技术环境共同作用的结果。此项改革在取得成效的同时，也产生了制度功能错位、用人标准扭曲、教师权利虚置和退出渠道不畅等问题，其根源在于将竞争逻辑局部嵌入了行政化的高等教育体制，忽略了高校作为教学科研组织的独特性和学术发展规律。因此，我国高校迫切需要基于学术组织内在逻辑的聘任制改革。不仅需要在微观技术层面完善聘任制本身，还有赖于在宏观层面优化政府与高校的关系，建立起充分尊重学术自发秩序的高等教育治理制度。赵克高在《人治：教职工聘任制应解决的首要问题》中指出，聘任制的实施有其积极意义，在用人机制和激励机制等方面都取得了许多突出成效，但是实施过程中因为相关制度落实不到位，公平公正难以保证，并且教职工的合法权益有时得不到保障，要改变这种“人治”状态，需加强聘任制的权力制衡机制建设。郭卉在《浅析高校教师聘任制中教师利益的保护》中也提出，当前高校教师聘任制中存在着忽视教师物质利益和学术利益的问题，要进一步加强高校内部治理，加强学术权力建设，扩大教师民主参与途径，保障教师学术利益和群体利益。黎庆兴等人通过对J省12所高校教师聘任政策文本进行分析，从教师权利保障的视域对地方高校教师聘任制改革进行了反思，并提出要进一步尊重和凸显教师权利，重构和优化地方高校的教师聘任制度。

许军林在《高等学校人事制度改革面临的问题与对策研究》中指出，社会保障体系建设滞后，高校用人具有特殊性，落聘人员不能实现真正的分流，造成了当前聘任制改革的不彻底，改革也没有达到预期的效果。赵敏、刘献军在《论教师聘任制的伦理原则》中提出，要从伦理学的角度对聘任制度的改革进行审视和价值判断，要体现公正、人道和民主这三项原则。

还有学者对当前我国高校正在推进的长聘制改革进行讨论，认为存在教师权益受损、学术功利化、利益多元化、资源配置失衡、评价标准异化等风险，改革应做好制度的本土化转化，化解相关风险。朱军文认为，我国高校实施聘任制改革从打破了“铁饭碗”到目前实施教师长聘制，重建了“终身制”，其中改革的逻辑值得商榷。

6. 对高校教师聘任制改革策略的研究

改革策略主要反映改革目标在特定的环境和条件下所能够选择的范围与路径。而制度变迁存在明显的路径依赖现象，高校教师聘任制改革恰恰需打破原有的制度惯性，自然会遇到巨大压力，因此在特定的环境和条件下选择何种改革范围与路径尤为重要。

刘献君等人在《中国高校聘任制研究——基于学术职业管理的视角》一书中提出，高校教师从事的是学术职业，高校教师聘任制改革应该从高校教师学术职业的特点出发。他还指出，高校教师聘任制改革的核心是解决委托代理问题。根据学术职业特点，他对我国高校教师聘任制进行了制度设计，对如何解决外部相关问题提出了相应的对策。吕玉刚在《深化高校人事制度改革的几点思考》中认为，高校教师聘任制改革是一个渐进式的改革过程，当前的阶段要从管理模式、评审机制、激励机制、任用关系、用人机制、岗位设置、团队建设等七个方面实现转变。雷华在《从管理到治理转型：高校教师聘任工作“多元参与治理”模式》中指出，目前，“行政管控”模式下高校教师聘任工作存在着诸多缠绕相伴的现实困境，而构建政府、高校党政、学术组织、教师等主体共同参与治理模式以及建立与各自主体相匹配的权力（权利）结构，是破解当前困境的可行路径；在“多元参与治理”模式下，多元主体要遵循“相向并进、和谐让渡”“均衡配置、各司其职”“理性监督、友好制衡”的基本思路和原则，实现高校教师聘任工作的良性运行。刘经南在《深化教师职务聘任改革　促进高校人才队伍建设》中指出，在教师职务聘任改革过程中，部分教师甚至部分领导的观念还没有完全转变，部分岗位设置还不尽科学、人才流动的“出口”还不太通畅、动态管理体系还尚未完善。战略理念的实现尤其要善于在策略上协调好教师聘任制度改革中的矛盾问题——教学和科研的矛盾、稳定与流动的矛盾、学术评价和行政聘任的矛盾、定性考核与定量考核的矛盾。吴高臣在《刚柔相济：高校教师聘任制之完善》中指出，高校教师聘任制度的实施离不开教师的认同。高校必须尊重教师的心理需求，重视心理契约的构建，实施柔性管理，实现聘任制度和教师认同的良性互动。高校管理者要践行以人为本的管理理念，切实关心、尊重教师，满足教师的归属感和发展需求；教师以主人的心境勤勉尽责地教书育人。祁占勇在《我国高校教师聘任制的困境及理性选择》一文中也指出，教师聘任制是高校人事制度改革的核心，是现代大学制度建设的重要内容。当前我国高校教师聘任制存在聘任合同性质不明、教师权益保障机制不完善、单位人事模式根深蒂固、高校行政权力泛化、教师话语权式微等问题。由此，他提出要实现从身份管理向岗位管理、从行政合同向劳动合同、从形式平等向实质平等、从效率至上向崇尚学术、从评聘合一向评聘分离进行转变，是我国高校教师聘任制度的理性选择。李立国认为，要以评价为基础完善教师聘任与流动机制，构建中国特色的高校教师聘任制度。

一些学者提出可以借鉴西方发达国家的教师长聘制度。阎光才提出，实行分类管理、多个系列并存和教学科研系列的准聘长聘制度是未来我国高校聘任制改革与发展的基本方向，但对新旧政策过渡与转换过程中的众多问题需要进行充分预估。张端鸿等在《中国高校长聘教师制度的战略选择与制度风险》中指出，我国越来越多的高校将长聘教师制度作为一项核心发展战略，我国高校长聘教师制度改革应做好制度移植与本土法治的平衡，借助有效的同行评议破除制度功利化风险，运用增量改革平衡新旧制度适用人群的利益冲突，在资源约束基本框架下推进制度实施，采取综合评价以阻止评估标准异化。熊丙奇指出，“预聘-长聘”制既符合教师成长规律，又保障了学术自由。因此，实行“预聘-长聘”制是我国高校教师聘任制度改革的一次有价值的探索。高校要建设一流教师队伍，除了要进行聘期改革，还需综合改革提供辅助和支持，即对传统的学术管理、评价制度进行全面改革，实行以教育、学术为本的管理。

7. 高校人事管理、教师聘任与马克思人本思想的关联研究

侯平等在《马克思主义人本思想指导高校人事制度改革初探》一文中从马克思主义人本思想的产生及其内涵、坚持以马克思主义人本思想指导高校人事制度改革、对马克思主义人本思想指导高校人事制度改革的几点思考等方面进行了分析，提出了一些有益于中国高校人事制度改革的观点和建议。王刚等在《“以人为本”的管理理念与高校教师队伍建

设》中指出，当前高校管理中存在教师管理模式陈旧、薪酬体系激励性不强、教师培训不到位等诸多问题。并提出需要通过树立以人为本管理观念、管理重心下移、实施柔性管理方式、建立体现人性的薪酬体系、培养教师的自我培训能力等方式来建构“以人为本”的新型高校教师管理体制，促进高校教师队伍素质的整体提升。彭舸珺等在《基于马克思主义人学维度的人本管理及其实践》中从马克思主义人学的角度谈人本管理及其实践，认为在管理中要尊重人的个性差异，积极倡导参与式管理，重视人的需要，创造有利于员工自由发展的平台并建设合理的制度。陈治亚在《以人性化思维推进高校综合改革》中提出，要把以人为本落到实处，要通过改革人事管理制度等，充分调动各个层次的积极性、主动性和创造性，激发活力，增强动力，提高学校的办学质量和效益。冯建军以马克思主义人学思想为指导，分析批判了传统教育哲学本体论的思维方式导致的问题，他以人学视野来审视教育问题，主张以教育人学思想引领新时代的教育改革，并提出要确立人是教育的原点。

因此，学者们大多是以马克思主义理论中的人本观来指导相关的改革实践活动，并提出相应的举措。

（三）国内外研究评析

综上，通过对国内外相关研究文献的分析我们可以看出，尽管研究者从多个角度对马克思主义人本思想及高校教师聘任制进行了研究和探索，但是用马克思主义人本思想来指导聘任制改革的研究目前较少。并且，已有研究也存在以下不足。

首先，从研究视角来看，目前的研究主要是从管理学等视角，而从教育学角度进行的研究较少。肖兴安以中国知网的文献为样本来源，调查了 1979 年至 2009 年近 30 年在期刊上公开发表的关于我国高校人事制度的相关研究，并开展了统计分析，形成了《近 30 年我国高校人事制度研究历程与特点》一文。文中指出，聘任制是研究的热点，从学科视角来看，文章从法学角度来探讨聘任制改革的最多，占总数的 67%；然后依次是经济学（12 篇）、心理学（7 篇）、社会学（5 篇）、伦理学（3 篇）、历史学（1 篇），而从教育学角度来探讨聘任制改革问题的几乎没有。

其次，从研究内容来看，大部分研究仅停留在如何解决聘任制改革中面临的实际问题上，对制度的深层次审视相对较少。随着我国高校教师聘任制改革的不断深化，之前的研究成果和现实的改革进程之间存在着一定的脱节。部分研究结合改革工作总结提出了一些有价值的观点和操作方法，但是缺乏必要的理论工具和方法，过于注重经验性，研究的系统性存在不足。部分国内研究者在借鉴国外高校改革经验时，忽视了我国的改革背景及高校发展的现实条件，缺乏本土化的吸收和改造。

最后，从研究目的来看，许多研究者往往立足于高校及管理者的立场，强调高校教师聘任制的管理效率，仅注重改革和完善聘任制的过程、环节来寻求思路和对策，对聘任主体的高校教师、聘任制的价值取向等的探讨不够深入和全面，缺乏更为深入、批判性的探讨与反思，也缺乏整体、全面的体系性制度构建。

本书从马克思主义人本思想的视角进行高校教师聘任制的研究，立足于聘任主体的教师，探索如何激发教师的主动性和积极性，促进教师发展，并提出了以人为本的教师聘任制度体系。本书既有对聘任制的历史追溯，又有对存在问题的现实反思；既有对聘任制问题的形而上的思考，又有对聘任制改革构想的现实回应，在研究内容的时代性、体系性、操作性上实现新的突破，是一种较为新颖的研究范式和制度设计。

五、研究内容与方法

（一）研究内容

在马克思主义人本思想的指导下，本研究以我国高校教师聘任制改革中存在的人本缺失等突出问题为切入点，通过对马克思主义人本思想的历史追溯和深度阐释，结合对高校教师聘任制改革的历史回顾、案例分析等方法，在借鉴国内外高校教师聘任制改革经验的基础上，提出基于马克思主义人本思想推动我国高校教师聘任制改革的理论与实践模式。

本研究共分为五个部分：第一部分（绪论），主要论述我国高校教师聘任制改革研究背景、研究目的与意义、国内外研究现状，对本研究涉及的基本概念进行阐释，并提出研究的逻辑框架及思维线路。第二部分（理论研究），主要论述人本思想的科学内涵及聘任制的人本意蕴，为本研究奠定理论基础。在梳理中外传统人本主义思想的发展历程基础上，提出马克思主义人本思想不仅代表着一种价值观念，而且意味着一种存在观念。它是一种以人为根本的价值理念，同时也是一种以人为根本的存在观念；它是一种研究现实的人及其历史发展的人的学说和哲学思想，也是一种表达人的生命精神和价值追求的生命哲学和价值哲学，它是价值观、伦理观、历史观和世界观的统一。同时，这一部分还重点从高校教师的工作特点及聘任制改革所蕴含的人本意蕴等方面来阐释了马克思主义人本思想与高校教师聘任制的内在关联。第三部分（理论切入），在马克思主义人本思想视域下，研究我国高校教师聘任制改革的历史并对现状进行分析。这一部分全面考察分析我国高校教师聘任制改革历史，结合国内高校的改革实践全面考察了我国高校教师聘任制改革的现状，系统分析了我国高校教师聘任制改革中存在的问题，进行了深层次的原因分析。第四部分（比较分析），以马克思主义人本思想为参照，本着吸收与借鉴的原则，较全面地分析了国外高校教师聘任制的实施情况，侧重对美国、德国、日本三国的高校教师聘任制实践进行比较研究，分析这些国家教师聘任制的特色与经验，尤其是蕴含其中的人本价值导向，以期为我国高校教师聘任制改革提供参考借鉴。第五部分（具体方略），提出基于马克思主义人本思想的高校教师聘任制改革构想。这一部分主要从宏观整体改革思路和微观具体应对策略两个方面进行思考，一方面，高校教师聘任制改革的主要目标不仅是要促进高等教育发展水平的提高，全面推动学校学科建设和学校发展，以提高人才培养质量为基准，更要促进教师的发展，尤其是要重视调动教师的积极性、主动性和创造性。另一方面，要在高校外部营造权利至上、自由为基、简政放权的环境，使聘任制改革具备良好的社会氛围和相关的政策支持；同时还要在高校内部实施多元参与、以人为本的聘任制度，强化教师的主体地位，发挥教师主体作用，从而最大限度调动教师的积极性、主动性和创造性，促进高等教育的内涵式发展。

（二）研究方法

1. 文献研究法

通过国内外相关文献资料研究，系统梳理马克思主义人本思想、高校教师聘任制等主要研究对象的内涵，进而分析高校教师聘任制改革的理论与现实依据，为高校教师聘任制改革的人本价值取向寻求理论与现实依据。同时，本研究就通过系统研读国内外学者关于高校教师聘任制改革策略方面的学术论著、政策文件、研究报告、教师手册等，探寻已有文献中对我国高校教师聘任制改革的有益经验。

2. 历史研究法

对国外高校教师聘任制的发展及改革脉络进行梳理，从新中国成立以来我国高校教师聘任制产生和发展的过程中进行考察，以考察高校教师聘任制的实质和发展规律。

3. 案例研究法

本研究选取我国部分高校教师聘任制改革的典型案例，基于马克思主义人本思想的视角，深度分析我国高校教师聘任制改革中人本缺失的状况及原因，据此为论证我国高校教师聘任制改革的具体方略提供基本思路。同时，本研究选取国外高校教师聘任制方面典型案例，深入解析国外高校教师聘任制的具体做法，以期为论证我国高校教师聘任制改革的具体方略提供经验借鉴。

4. 比较分析法

本研究包含国内高校及美国、德国、日本高校及教师聘任制比较，教师聘任制背景及其改革动向，教师量化评价与质性评价，奖惩性教师评价与发展性教师评价等，比较分析将贯穿本课题的始终和各个方面。通过比较分析，从而分清特殊和一般、个性和共性，并进行理论抽象和概括。

5. 逻辑归纳法

结合文献研究与案例研究，本研究采用逻辑归纳方法，对当前高校教师聘任制改革中存在的问题进行系统归纳，并进行深层次的哲学理论审视，通过逻辑演绎，从中归纳出产生这些问题的深层次原因，进而得出其思想要点。

第二章　马克思主义人本思想源流及聘任制的人本意蕴

人本思想是以人为本的思想，主要是对人的存在地位、人的目的性及人的价值等问题的回答。人本思想无论在中国还是西方都源远流长，在漫长的探索中，双方既有对“以人为本”这一主题的共同关注，又各自围绕这一主题形成了在表达方式、致思路径、思考重心、参照体系等方面具有显著差异的哲学传统和思想传统。马克思主义人本思想既有深厚的西方思想根源和特征，被介绍到中国后，在其中国化的过程中又与中国传统思想相融合，并在发展过程中逐渐形成了具有自身特点的完整的人本思想体系。

第一节　中国传统文化中的人本思想

在中国传统文化宝库中，有无数的“人本论”“民本论”等人本思想精粹。作为中华民族传统文化中的一个基本价值取向，人本思想深深植根于中华优秀文化的沃土之中。中国古代的进步思想家和开明君主，一般都肯定人的主体地位、维护人的生存权益以及重视人的人格尊严，形成了“重民”“富民”“利民”“亲民”“保民”重视民意的中国传统人本思想。

在中国传统哲学中，人生论是绝对的中心，而人本思想则以天人关系论、人性论、理想论、义利论、工夫论、心身论等方式贯穿在整个人生论之中。相比于纯粹对宇宙发生和万物演化进行形而上思考的宇宙论，中国哲学更侧重于探究关于天人关系或人在宇宙中的地位，并由此产生了对中国人本思想发展具有全局影响的一个根本观点，即天人合一。人在自然界中有何地位？人是否具有迥异于他物的重要性？天人合一，既是对人自然存在方式的一种独特描述，又是对人自身独特价值的一种反思和界定。就此而论，天人合一通过对人在宇宙中卓越地位的肯定，标志着中国人本思想的逻辑开端。我国自周朝开始，统治者就习惯将“天”和“德”联系在一起，以德配天，用“德”和“人”的内容来代表天，从而形成了具有广泛影响的“天人合一”思想，把人们的目光从天上拉到了人间，由注重天而转为注重人。《礼记》评论夏商周三代社会政治思想异同，指出：“殷人尊神，率民以事神，先鬼而后礼……周人尊礼尚施，事鬼敬神而远之，近人而忠焉。”由此可见，中国传统的“人本”思想早在周朝时期就已经出现，这比人们公认的西方人本思想的产生早了近500年。春秋晚期，管仲提出了以民为本的思想，认为要重视百姓的作用，将“爱民”当作为政的根本，认为治理天下的首要任务便是“爱民”。他主张提高普通人的社会地位，要满足人民的物质利益需求，并提出了爱民、利民、富民与兴民的主张。中国哲学中，最早从人与宇宙关系的角度对人的地位进行说明的是老子。“故道大，天大，地大，人亦大。域中有四大，而王居其一焉。人法地，地法天，天法道，道法自然。”老子将人与道、天、地并举，称作四大，使人的地位高于其他物之上，这就使人具有了“本”的意蕴。中国哲学中尽管也有“天人有分”“天人相胜”的思想，但在人在宇宙中具有卓越地位这个基本的观点上，各家各派的主张大都相近，由此奠定了中国哲学重视人本思想的基调。

中国传统文化的人本思想还集中体现在中国哲学的人生理想论中。人的一生中理想的行为准则是什么？孔子作为中国古代伟大的哲学家、教育家，不但首先提出了人生理想问题，而且明确地以仁作为人生的最高理想，强调了人我关系、人物关系中人的地位，因此在其思想中有丰富的人本思想。他提出了仁者爱人的思想，认为人的本质就是“仁”，要“爱人”“使民以时”。《论语·乡党》中记载：“厩焚。子退朝，曰：‘伤人乎？’不问马。”马棚失火，孔子第一个关心的是人的生命安全，当然这并不意味着孔子不关心他的马，只是对于物和人，孔子更看重人。这和当时社会上的一些人过于爱物而忽视人的做法形成了鲜明的对比。孔子高扬人的主体意识，重视“求人由己”的主体性努力在人的道德修养过程中的作用，认为“仁”作为内在的品德，只要有去自觉践行的主体意识，就能达到“仁”，也即“我欲仁，斯仁至矣”。孔子关注人道，不谈神道，因此“不语怪、力、乱、神”。

孟子进一步发展了孔子“德治”“重民”的思想，提出了“民为贵，社稷次之，君为轻”的观点，反映了他鲜明的民本思想。他认为国家要实行“仁政”，要保民、养民、利民，还要重视民意和民心。同时，孟子还从性善论出发，提出人的道德可以通过人自身的主体作用发挥来养成。他认为人具有思维功能的“心”，通过发挥心之思的作用，扩充人与生俱来的仁义礼智四种善端，通过主体自觉的存心养性，就能真正理解人之为人的本性，并最终实现理想的人格。孟子发现了“我”的无限庄严，承认个人的价值，只要发挥“我”的本能，也可以成为圣人，所以他曾言：“圣人与我同类”“何以异于人哉？尧舜与人同耳”，充分展现出他对人的主观能动性的重视。

除儒家外，墨家同样重视人本思想。墨子思想的出发点是天下大利，因此个人理想的道德规范和行为准则就是要能够为天下所有人的共同利益服务，而要达到这一点就要摈弃个人私利，施行“兼爱”。墨子提出了“兼爱”的主张，认为要不分远近、亲疏、贫富和贵贱，按照一视同仁的平等待人的精神和原则相互关爱，互助互利。同时，墨子还关注民生、重视民利，提出发展生产要以是否能够满足“民用”、是否有利于社会为原则，主张节用、节葬，这都体现了墨子思想的人民性特点。

宋明理学家们，不管是理学派还是心学派，都是致力于进行“性与天道”问题的探讨，将天道、天理与儒家的价值原则和人伦规范联系起来。“理学重建了宇宙本体论和心性修养理论，重建了道德形上学的体系”[①] 陆、王心学更是注重和强调“发明本心”，在他们看来，“格物致知”和致良知，是一种从道德主体内部通过工夫实践对良知进行体认的道德修养活动，这充分强调了人——这一道德主体在道德实现过程中的自觉意识，从而把道德修养活动的掌控权还给道德主体自身，突出了人的道德主体性和道德主体的内在完满性。心学对“良知”等人的自我意识主宰作用的强调，从某种意义上也就是重视人的价值，重视人类自身在社会发展中的作用，是对古代人本思想的继承和发展。阳明后学对作为道德主体的个体生命存在的肯定与张扬，道德主体自我意识的觉醒以及对思想自由的追求，进一步深化了儒家的心性学说和人本思想。

---

① 郭齐勇. 中国哲学史［M］. 北京：高等教育出版社，2006 年版.

综上，中国文化传统中的人本思想对人的地位、价值、理想、本质等进行了较为全面的探讨，其中人与宇宙的关系和人与社会的关系是侧重点。中国传统的人本主义精神“集中表现在两个方面：在‘天’与‘人’的关系上，主‘人为本’，在‘君’与‘民’的关系上，主‘民为贵’”①。张岱年等人也认为：“中国传统文化中，天人之间，人为主导，人是目的，充分体现了以人为本的文化精神。”②

中国古代的“人本”“民本”思想，承认人民是社会发展和进步的主要力量，是对传统的“神本”“君本”思想的批判和否定，蕴含着合理的因素，具有人民性的内容，起到了积极的作用。当然，中国古代虽然有较为丰富的人本思想，但多散见于思想家的著述中，并没有形成系统的论述。

第二节 西方人本思想的历史流变

在西方，人本思想源远流长，表征着西方文明的发展轨迹。西方人本思想主要是从人自身出发来探究人的本质，进而研究人与自然、人与人之间的关系。

一、古希腊哲学的人本思想

人本思想在古希腊哲学的发端主要表现在，智者学派所倡导的新哲学运动，让哲学家们的研究旨趣从关注自然哲学和本体论问题逐渐转向关注政治哲学、伦理学和人生价值问题。正如西塞罗所说，智者把哲学从天上下降到人间，让哲学家的注意力从外界自然转向人本身。普罗泰戈拉作为古希腊智者派的代表人物，提出：“人是万物的尺度，是存在的事物存在的尺度，也是不存在的事物不存在的尺度。”③ 尺度只存在于人那里，人可以根据自己的尺度去衡量万物的存在与非存在，事物就无所

① 杜继文. 中国的人本主义传统和无神论精神［J］. 科学与无神论，2008年版.

② 张岱年，方克立. 中国文化概论［M］. 北京：北京师范大学出版社，1994年版.

③ ［英］罗素. 西方哲学史（上下册）［M］. 何兆武，李约瑟，译. 北京：商务印书馆，1963年版.

谓客观规定性可言，一切均以个人立场为转移，这是西方对人学问题最早的关注，他将哲学的眼光从自然界转向了人的道德世界。在这个论断的基础上，以普罗泰戈拉为代表的古希腊智者学派创造了一种被命名为“派的亚”（Paidia）的教育，其基本目的就是通过百科知识的传授来促进人的发展。这种教育构成了后世西方人文主义教育或者人本教育思想最早的来源。当然，智者的人本思想也具有明显的缺陷，比如他们所专注于研究的人，专指的是个人而非人类。因此，个人的主观感受被无限夸大，而人类的普遍性的东西被忽视了。换言之，智者们只见树木不见森林，只见个人不见人类，犯了以偏概全的错误。

苏格拉底在思想方法和观点上都站在智者的对立面。他关心的问题是诸如人应该如何过自己的生活？什么样的生活是好的生活？什么样的行为能够被称之为善？苏格拉底认为人首先应该关心自己身边的事情，要注重社会和人生的问题。他引用镌刻在德尔菲神庙门前的箴言来号召人们：“人啊，要认识你自己。”在他看来，心灵、人自己才应该是哲学研究的对象，而不是自然。人应当认识自身的善，即人的道德。他关心的不是自然，而是人事，他认为哲学应该研究正义、美德、勇敢、虔诚等与人相关的问题。苏格拉底把人看作理性的思维主体，要求人们去发现人的共同的和普遍的本质。从苏格拉底开始，哲学开始从自然转向社会，转向对人的研究，与人相关的道德哲学、政治哲学成为哲学研究的一个主题。之后的思想家们提出了一系列涉及人本身的命题，并对其进行探讨，如人的本性、人在社会中的地位与价值、真与假、美与丑、善与恶等。苏格拉底不认为个人可以作为万物的尺度，比如善的尺度，转而寻找某种可以被普遍接受的原则或者标准，比如善的标准。在他看来，知识就是至善，就是善本身。

苏格拉底开创了人学，到了柏拉图最终完成了这个转向。他构造了西方哲学史上第一个形而上学体系——理念论，一个客观唯心主义的体系。他将人的存在分为肉体和灵魂两个部分，并在西方哲学史上提出了一个比较完整的人性理论，而且提出了人的自我和谐的问题。

亚里士多德作为柏拉图的弟子，也是苏格拉底的再传弟子，他不仅在哲学上超越了前人，包括他自己的老师，更是在人本主义维度上将发端于智者学派的尊重人和重视人的思想发展到了一个高峰。亚里士多德在哲学上，探讨的主题众多。他对伦理学、心理学、政治学的探讨都展现了古希腊人本思想的高峰。比如，他把人的本质理解为社会动物，把国家和社会作为人实现自身本质的场所。在人的构成上，他认为人的肉体和灵魂不可分割，他将人的灵魂分为三部分：植物性灵魂、动物性灵魂和理智性灵魂，这三个部分的和谐就是一个完整的人。以此种哲学观为依据，亚里士多德认为，真正的教育是促进人的这三部分灵魂都得到良好发展的教育。因此，他倡导全面实施德智体等方面的教育，其基本目的就是促进人的和谐发展。可以说，亚里士多德有关人的和谐发展学说，是人类历史上较早地从人本主义角度关注教育与人的发展关系的理论，是后世几乎所有的人文主义教育观、人本主义教育思想的重要来源。

二、西方近代人本思想的兴起与发展

在一般的意义上我们可以说，由于中世纪的教会统治和神学甚嚣尘上，发源于古希腊的人本主义思想或者人文精神遭到了抵制，甚至衰败。直到中世纪后期，由于文艺复兴运动的崛起和宗教改革运动的勃兴，才使得古老的人本主义思想得以复苏和重振。

（一）文艺复兴中的人文主义运动

在中世纪，神被推到至高无上的地位，人完全被神的光环所淹没。文艺复兴时期的人文主义者则把人抬高到了崇高的地位，倡导人的价值取向和理想追求要建立在人的世界而不是神的世界。他们看重的是现实的人，探讨的是人如何在自己的现实生活中、在自己的历史活动中、在自己的理性和知识中，追求自己的理想，获得个性的自由并实现自身的价值。这种观念的巨变，反映了人的觉醒。

文艺复兴时期在欧洲出现了人文主义运动，这个时期的人文主义运动，从哲学上说，实际上就是一种人本主义思潮。文艺复兴运动反对基督教的禁欲主义，并论证人的欲望的合理性。也就是说，人的欲望不是邪恶的，人的欲望是人的本性，因此是合理的，而且应当得到满足，人的欲望的满足是人的幸福。文艺复兴运动还反对神性，反对神学。因为在神学看来，人们的世俗生活是毫无意义的，人自身的幸福只存在于来世的天国世界。这是对世俗生活的否定，也就是对人的欲望的否定。神学还指出人的欲望是邪恶的，对人的欲望不能听之任之，否则就进不了天国。在这种精神枷锁下，人的基本欲望得不到承认。文艺复兴中对人性的肯定，对人的欲望的肯定，也就是对人本身的肯定。这提升了人的地位，肯定了人的价值，维护了人的尊严，把人从神学的禁锢下解放了出来。

像薄伽丘、达·芬奇、拉斐尔等人，他们的作品把人作为创作的主体，都表现了人性的觉醒、个性的解放以及对世俗生活的赞美。他们极力提高人在宇宙中的地位，强调人所具有的无限创造力，反对抬高神、贬低人的观念。他们主张恢复人的价值和尊严，重新确立人的中心地位和主体性。彼得拉克被称为“人文主义之父”，他第一个发出以“人学”代替“神学”的呼喊，号召人们由对神的信仰转向对人的研究，认为人首先要关注自己的事情。他强调要关注人的现世的现实的生活，并认为哲学所关注的不应是自然，而应是人生。他提出了人应该认识自己的口号，认为人如果不认识自己，就不能认识上帝，主张只有人的问题才是哲学的主要对象和关注点。因此，他十分重视道德哲学。

文艺复兴中的人本主义思想家高举“一切为了人”的旗帜，将人从宗教和神学的束缚下解放出来，进一步确认了人的地位、尊严和价值，为后来的资本主义经济发展和政治格局奠定了坚实的人本主义基础。人文主义主张以人为中心，它试图用普遍而又抽象的人性论在取代基督教神学。其主要内容是肯定人的价值和特性，尊重人的自由意志，鼓吹思想与个性的解放，追求享受现实人间的欢乐，主张按照人的自然本性生活。他用人性总结历史，认为人支配自然，追求快乐是人天然的权利和社会进步的动因。

（二）近代英国的经验主义人性论

英国哲学家培根将哲学的聚焦点转向了精神与自然、思维与存在的关系等认识论的问题，实现了西方古代本体论哲学向认识论哲学的转向，开创了近代哲学的崭新形态及认识论的路线，而这条认识论路线是以人的认识和可能为基准。他认为人可以被视为世界的中心，因为整个世界都是为人民服务的，彰显了人作为认识的主体地位，本质上就是古希腊有关人的哲学思考的近代复苏，从而使人的问题成为近代哲学的中心问题。

休谟的《人性论》是以对“人性”的探讨为唯一对象，并将人的知识、情感和道德作为探讨的三个部分。他认为人在自然中的主导地位决定了人性问题是一切科学的起点和基础。

（三）法国启蒙学者的人学思想

继文艺复兴之后，启蒙运动是又一次的思想解放运动。它进一步论述了人性和人道主义，阐述了“自然状态”和“社会契约论”的观点，明确提出了“自由、平等、博爱”的口号。启蒙思想家们用理性来审视现实、批判传统，他们反对君主专制，强调人生而自由平等。

法国启蒙学者代表人物伏尔泰认为，人的理性等是基本的人性，都是平等的，理性是人与动物最大的区别。他还从人、人性和人的意志、情感等现实生活的角度来考虑“上帝”这位自然之神。他认为，每个人都平等地拥有自己天生的自由，这种自由不仅应从消极的意义上理解为不受束缚，而且应从积极意义上理解为对某种权利的保护。孟德斯鸠在《论法的精神》中论述了自然历史环境对于人性的影响、对于国家品格的塑造。他从法的精神来探讨人性问题，他把自然界的合规律性观点推广到人类社会中去，认为人类也有自己固有的法（规律），也即“自然法”。狄德罗则主张公民在法律面前一律平等；爱尔维修认为言论自由和出版自由是基本的人权。

卢梭把人的问题作为他思考社会哲学问题的起点和焦点，倡导从感觉和心理的角度去认识人。他认为人具有自由主动性，并且是人的自然本性，但是随着生产的发展，分工的产生，人与人的不平等进而产生。他在《社会契约论》中说：“人是生而自由的，但却无往不在枷锁之中。自以为是其他一切的主人的人，反而比其他一切更是奴隶。”① 他关注的是有血有肉的、独立的、自由的有生命的个体，始终致力于维护人内在的自主性和外部的独立性。卢梭始终关注人类的命运问题，如科学的发展和道德的衰落、自然人的幸福和社会人的归处，以及一切关乎人类幸福的领域。他谈论人性的无辜、败坏、塑造和生成，由此追寻通向个体和人类幸福的方法。应该说，卢梭有关人的哲学思考，为后世种种人文主义和人本主义思想奠定了坚实的基础，也是近代资本主义核心价值观的哲学来源。

---

① 卢梭．社会契约论［M］．何兆武译．北京：商务印书馆，2003 年版．

受伏尔泰、卢梭的影响，近代法国唯物主义者如爱尔维修、狄德罗等人，几乎都是从人性论、伦理学和政治学上全面批判了宗教和封建专制统治，他们一直倡导以人为中心，对人的实际利益和幸福应高度重视，他们反对用宗教神学的观点来解释人和束缚人。启蒙思想家们在保障人的自由意识和民主意识的基础上进一步启发了人的理性思维和科学精神，为近代科学的繁荣和政治格局的形成奠定了强有力的哲学基础和人本主义思想底蕴。

（四）德国古典哲学的人本思想

德国古典哲学家们作为理性的崇尚者和自由的捍卫者，用抽象的、思辨的方式去探讨人的问题。他们用理性和自由来反对神学，对抗封建制度。他们以提高人的理性为基础来提高人的地位，用人的理性来考察世界，深入论证人的理性的无限至上性和无限的能动性，从而扩展了人对世界的主宰意识，提高人在世界上的地位。总而言之，他们都是以其特有的思辨形式表现出了对人的尊重，对人的认识能力的极大信任，对人的自由的不懈追求，人的主体性得到了更大的发扬。

康德是德国古典哲学的创始人，他的《实践理性批判》就是关于伦理学的著作，即探讨人的自由原因及其对实践行为的决定作用。他十分关注人的平等、自由、民主等问题，认为这些问题都要靠理性来解决，一切有理性的人无论如何都不应该放弃自由。在他看来，“自由”就是意志自律，“至善”应作为人的最高目的。人具有绝对的意志自由，根据理性自身颁布的道德法则对自己发布命令而行动，而这种“命令”就是一种“绝对命令”，是人们道德行为的最高准则。他明确提出，人可以依据纯粹理性“为自己立法”，对自己的行为可以自由进行选择，这样才能使道德原则成为自觉的实践活动。

康德的道德学说的核心是“人”，强调人的尊严、价值、人格，“把人当成目的，不只当做工具”。他认为人的行为有种种目的，但总的目的只有一个，就是人本身。所以“人是目的”贯穿在人的一切其他目的之中，其他目的都可以成为单纯的手段，唯有人性本身、“人格”不能再成为单纯的手段，它是人实现自己的终极目的。康德对纯粹理性的推崇矛头直指当时的封建教会对思想意识形态的垄断，他对人的主体能动作用的高扬不但解决了由休谟怀疑论提出的人类科学知识的基础问题，而且为人类道德生活提供了理论根据。

黑格尔构建了近代西方哲学史上最完备的哲学体系，而精神哲学是其中重要的一部分，考察的对象就是人的精神本质，即理性与自由，或者真理与自由。他发挥了启蒙主义关于人的自由的思想，也是西方传统哲学中理性主义精神的集大成者。黑格尔第一次为人类提供了一种系统的、充满生命力的辩证法的思维方法，这是一种批判性的方法，它立足于人的创造精神和对自由的不懈追求，将现实生活看做一个不断前进的历史过程，高扬人的自由和人的解放，极大地激发了人的主体能动性和历史创造性。

费尔巴哈称自己的哲学是“人本主义”或“人本学”，从此人本主义成为一种较系统的理论。他认为，真正的哲学唯一的、普遍的、最高的对象应当是人，以及作为人的基础的自然界。他认为人是有感情的，人的本质在于人同自然、人同人的统一之中。他的人本学的主要思想可以概括为人的本性是追求幸福，道德的基本准则是自爱和利己主义，对人的爱是真正的宗教信仰。费尔巴哈的人类学和人本主义思想不仅是德国古典哲学人本思想的大成和精粹，更成了现代哲学人类学和现代人本主义思想的一个重要来源。

可以说，西方传统人本思想在充分肯定人的价值和地位的基础上，较为系统地论证了人的自然欲求的现实合理性，并将人性、理性和科学较完美地统一在哲学理论的框架中，形成了较为系统和全面的人本学说，同时，又在持续地、积极地呼吁人的自由和平等的过程中，构建并完成了近代以来的人本主义思想完整的发展历程，为后世人文主义思想的发展提供了坚实的基础。

第三节　马克思主义人本思想

马克思和恩格斯在广泛吸收人类优秀思想成果的基础上创立了马克思主义，同时也在人本思想研究中发起了革命性变革，为科学揭示人本思想的内涵指明了道路。马克思主义理论是以人为出发点、以人为中心、以人为最高目的的理论。人的解放、人的自由、人的自主活动和自由个性、每个人的自由发展和由此实现的一切人的自由发展，是贯穿于马克思全部理论的主题、根本思想和始终如一的目标。从终极的意义上讲，马克思主义全部理论的出发点和归宿就是发展人、解放人。所谓共产主义，按照马克思主义创始人的理解，实际上就是真正的人的全面发展和人性的全面复归以及人对自己本质的全面占有。马克思主义人本思想是马克思主义理论体系的重要组成部分。马克思主义人本思想的产生和形成，既与批判和继承西方传统哲学文化遗产特别是传统人本主义的思想源流有着密切的关系，更有当时的社会矛盾、时代课题（如机器大工业的产生）和社会实践的现实社会根源。

一、马克思主义人本思想释义

（一）马克思主义人本思想的立论基点

马克思的人本思想生发于对人的本质的深刻洞察和对人类社会生活的深刻关切。如何理解人的本质？这是所有人本思想都绕不开的第一个理论问题。马克思以人类劳动为逻辑基点，指出了人的世界和人自身生成过程，并以科学揭示人的本质的方式描述人的生成，肯定人的地位，实现对人本身的关怀。马克思主义人本思想的现实起点、现实基础是“现实的个人”，而不是抽象的“自我意识”或抽象的“类”。马克思把“现实的个人”规定为“从事活动的，进行物质生产的”个人，规定为“从事实际活动的人”。总之，是“以一定的方式进行生产活动的一定的个人”①，即实践主体。马克思在其博士论文中，就曾通过对伊壁鸠鲁自然哲学的研究，分析原子偏斜说，肯定了人的相对的自由意志，为人本思想的进一步研究留下伏笔。此后，马克思在《1844 年经济学哲学手稿》《政治经济学批判序言》《共产党宣言》《资本论》等一系列著作中继续深化以劳动为基点的人本思想的研究，并通过对资本主义生产关系条件下劳动异化的分析，指出了从劳动解放、劳动者解放到人类解放的历史趋势，最终科学地把人的自由全面发展作为人本思想的落脚点。

马克思实现了对人的认识的革命性变革，因为以往的哲学对人、对人的本质的考察，不仅是孤立的即脱离人的现实的社会关系，而且是静止的即脱离人的社会实践活动这一动态的过程。马克思指出：“在思辨终

① 马克思恩格斯选集（第 1 卷）[M]. 北京：人民出版社，1995 年版.

止的地方，在现实生活面前，正是描述人们实践活动和实际发展过程的真正的实证科学开始的地方。”① 马克思在《关于费尔巴哈的提纲》中对费尔巴哈静止地、孤立地考察人进行了批判：“从前的一切唯物主义（包括费尔巴哈的唯物主义）的主要缺点是：对对象、现实、感性，只是从客体的或者直观的形式去理解，而不是把它们当作感性的人的活动，当作实践去理解，不是从主体方面去理解。”“费尔巴哈把宗教的本质归结于人的本质”，“没有看到‘宗教感情’本身是社会的产物”②。马克思指出：“我们不是从人们所说的、所设想的、所想象的东西出发，也不是从口头上说的、思考出来的、设想出来的、想象出来的人出发，去理解有血有肉的人。我们的出发点是从事实际活动的人……”③

马克思进而在实践基础的社会关系中去认识人的本质，即“人的本质不是单个人所固有的抽象物，在其现实性上，它是一切社会关系的总和”④。与此相适应，马克思认为，人的本质、人性也是由实践所规定的。他把人的本质、人性提升为实践主体性，提出“人是人的最高本质”，“我们的出发点是从事实际活动的人”，“是处在现实的、可以通过经验观察到的、在一定条件下进行的发展过程中的人”⑤。

马克思是通过人的社会性、人的社会关系去认识、说明人的本质及其表现，并且这个本质不是作为人的自然属性先验地存在着，而是在现实的社会关系中存在并发展和表现着（往往是以歪曲的、掩蔽的、异化的形式表现着）的。这就意味着人的本质并不在于某种一成不变的抽象规定性和单一化的模式，而在于人本身的具体历史的存在和活动，对此必须进行具体的历史的考察和分析。

（二）马克思主义人本思想的实质内涵

马克思主义人本思想不仅具有存在论或本体论意义，亦即历史观和世界观意义，而且具有价值观和伦理学的意义，同时还有目的论的意义——实现人的自由而全面的发展。所以，马克思主义人本思想的理论性

① 马克思恩格斯文集（第 1 卷）[M]. 北京：人民出版社，2009 年版.
② 马克思恩格斯文集（第 1 卷）[M]. 北京：人民出版社，2009 年版.
③ 马克思恩格斯文集（第 1 卷）[M]. 北京：人民出版社，2009 年版.
④ 马克思恩格斯文集（第 1 卷）[M]. 北京：人民出版社，2009 年版.
⑤ 马克思恩格斯选集（第 1 卷）[M]. 北京：人民出版社，1995 年版.

质和思想内涵，不仅代表着一种存在观念，而且意味着一种价值观念，也是一种目的观念。它是一种以人为根本的存在观念，一种以人为根本的价值理念，也是以人为根本的目的观念；它是一种研究现实的人及其历史发展的人的学说和哲学思想，也是一种表达人的生命精神和价值追求的生命哲学和价值哲学，它是价值观、伦理观、历史观和世界观的统一。

1. 存在论的意蕴

马克思作为现代哲学的伟大开拓者之一，通过其哲学变革也建立了自己的现代哲学存在论，就是马克思“以人为根本”的人本思想。它作为一种存在论也具有其特殊的哲学意蕴，具有其历史观的内涵和世界观的意义，并且表现在多个方面和多种关系之中。

首先，在人与对象世界的生成关系意义上，它坚持“以人为根基和根源”。在马克思看来，人通过自己的对象化活动创造和生产了自己的对象化世界，这种对象化世界实际上都是以人为根基和根源的。没有人及其对象化活动，也就没有人的对象世界。其次，在人与社会生活、人类历史的本质关系意义上，它坚持“以人为本体和根据”。这里所谓的“本体”和“根据”并不代表着某种终极存在、绝对真理和永恒价值，它只不过意味着人们的现实存在及其生活世界和历史发展的深层本质和内在实质。既然人及其生命活动是其一切对象的形成根基和生成本源，那么，它本身也就成为人的现实存在、人的社会生活和人类历史的本质和实质。再次，在人与现实世界及其历史发展的实践关系意义上，它坚持“以人为前提和基础”。也就是说人的一切活动的进行及其产物和结果的生成、存在、认识、理解、评价和把握，实际上都是也应当以现实的人及其实践活动作为其主体前提和实践基础。

2. 价值论的内涵

在马克思看来，人的本质和本性不是先在的、前定的、固定不变的，而是由自己在其实践活动及其社会关系中创造、决定和生成的，所以，人的本质和本性及其所决定的价值关系也是历史的、发展的和变化的。由此也决定了马克思的人本思想作为一种价值观的内涵和意义表现在任何世界之间的多重的、现实的、历史的、具体的价值关系之中。

马克思主义人本思想坚持人是社会历史的主体，以人为价值标准和评价尺度，认为人是一切价值的主体，是一切价值产生的根据、标准和归宿，是价值的实现者和享有者，任何事物的任何价值归根到底都是对于人的价值，从而确立了人的价值和意义。马克思主义人本思想还认为，人类的全部活动归根到底都是为了人类自身的生存、发展和幸福，坚持以人自身的发展为目的，又以自身的创造为手段。无论是为“我”的自我价值的实现，还是为“他”的社会价值的实现，其实质都是人通过创造包括自身在内的“产品”对不同层次主体人（自我、社会）的现实需要的满足，进而明确了以人为目的。

综上，马克思主义人本思想包含了存在论和价值论统一的视角，包含了对人的价值和人的存在统一的理解，也包含了遵循社会发展规律与实现人的自我发展的高度统一、实现人的自我价值和社会价值高度统一的自觉追求。也即，马克思主义人本思想，不仅代表着一种以人为根本的价值观念（道德观念和伦理观念），同时也意味着一种以人为根本的存在观念（世界观念和历史观念）。这两种内涵和意义之间相互依赖、相互制约、互相包含、相辅相成地内在统一。马克思的价值观念蕴含于其存在观念之中，而其存在观念则内在地包含其价值观念。

3. 目的论的含义

马克思主义人本思想的最终目标就是为了使人从各种奴役、束缚和压迫的关系中解放出来，使“每一个人”“一切人”都能够自由而全面的发展。

马克思所强调的人的自由而全面发展首先是要克服社会关系对人的限制，即从如何取消外在强制与束缚的角度来研究人的全面发展。在马克思看来，人的自我异化与片面发展，其根源并不在于人自身或人的自然本性，而主要在于旧式的分工。正是由于这样的分工，人的社会活动被固定化，每个人的发展被限制在特殊的活动范围内，这个范围是强加于他的。因此，自由而全面的发展是人的劳动能力的充分发展，这就要从异己的、外在的、强制性的劳动到自由劳动转变。

马克思认为，自由是发展的前提。他指出，自由作为人的积极主动性、人的创造性的源泉，是人的自我实现、自我发展的前提和导引，也是人的实现、人的发展的动力，没有自由，就没有人的发展和人的实现。只有当所有社会成员都能事实上平等地享有各种（包括政治、经济、文化、公共福利、个人生活等方面）自由和人权时，人的全面发展才能从理想转化为现实；也只有每个人的素质和能力都得到全面的培养和提高，人类才能进入个性自由发展的新的社会形态。正因为这两个方面有着内在的本质联系，马克思才合乎逻辑地将它们合成为“人的全面而自由的发展”这个科学概念。

二、马克思主义人本思想对传统人本思想的超越

无论是在中国还是在西方，传统的人本思想基本上都是以“人本”反对“神本”和“君本”，充分肯定人的个人尊严、地位和价值，积极弘扬仁政和理性精神，这为后继学者开展人本理论研究提供了宝贵的思想资源。

毫无疑问，西方人本主义思想具有积极的理论和实践价值，是特定历史时期人的思想解放和自身解放运动的先导，对推动历史进步和人自身的发展起了积极作用，是马克思主义人本思想的理论来源。但是，西方人本主义，以个人为本位、以实现自我价值为基本追求，在处理人与人、个人与社会的关系上主张个人利益至上。同时，人本主义离开具体的历史条件，离开人的社会性，以抽象的、永恒的人性说明社会历史。马克思把“抽象的人”转变为“现实的人”，并以这种“现实的人”为根本，来理解和看待人与自然、人与社会、人与历史、人与现实世界之间的关系。

第一，马克思主义人本思想揭示了人之区别于动物的本质就是在于人的“实践”。马克思从现实的人出发，立足于他们的实践活动和社会关系，从社会历史发展中寻求人的现实本质。马克思认为人与动物的区别并不像费尔巴哈所说的那样在于意识或宗教等，而在于人们的物质生产实践活动。如果说每一种人学说都必须从人出发的话，那么，马克思的人本思想就是从“现实的人”出发，亦即以“从事实际活动的人”为前提和出发点。由此，也为人们用马克思主义人本思想观察和思考其他一切问题提供了一种现实前提和坚实基础。

第二，马克思的主义人本思想强调从人的社会特质角度来观察和理解人，因而，在其现实性上，主要把人的本质理解为一种社会关系或社会联系。马克思以人类社会为立足点和出发点，也就是从现实社会及其人的社会特质角度来观察人和理解人，这就从根本上改变了传统哲学关于人的观念。

第三，马克思主义人本思想强调人的类本质和人的社会本质具有内在统一关系。马克思总是把对人及其本质的理解和解释置于一种实践的、具体的、历史的、社会的关系中进行思考。正是在人的现实实践活动中，人的类本质与人的社会本质实现了有机统一。

第四，马克思主义人本思想不仅关注对人及其地位和作用的理解和解释，更关注对现实世界和现存现状的批判、改造和变革，从而以此去实现人的解放、促进人的成长、推进人的发展。马克思指出："哲学家们只是用不同的方式解释世界，问题在于改变世界。"① 与传统人本主义不同，马克思更加注重以"改变世界"的方式实现人的解放与自由。

从现实的人出发，立足于他们的劳动实践和社会联系，从社会历史发展中寻求现实的人的现实本质，这是马克思主义人本思想同以往人本思想在出发点、前提、研究对象和方法论上的根本区别。马克思主义人本思想既具有历史继承性，更具有现实批判性和未来指向性。马克思主义人本思想批判地继承了人类思想文化发展历史中关于人的研究成果，特别是近代德国古典哲学家的思想，又站在人类社会历史的现实基础上超越了传统的人本思想，实现了人本思想发展的革命性变革。因此，马克思主义的人本思想终结了以往人本理念、人本学理论的非科学性，使人本理论在向现实生活世界的复归中成为关注人的现实生存与发展的科学理论。马克思主义人本思想的最高宗旨和终极指向就是使人从现实存在的各种奴役、束缚和压迫的关系中解放出来，走向"完整的人"，实现人的自由而全面的发展。

三、马克思主义人本思想的核心理念

（一）肯定人在社会发展中的主体地位与作用

马克思在《关于费尔巴哈的提纲》中提出："从前的一切唯物主义（包括费尔巴哈的唯物主义）的主要缺点是：对对象、现实、感性，只是从客体的或者直观的形式去理解……不是从主体方面去理解。因此……唯心主义却把能动的方面抽象地发展了。"② 在马克思看来，旧唯物主义

① 马克思恩格斯选集（第1卷）[M]. 北京：人民出版社，1995年版.

② 马克思恩格斯文集（第1卷）[M]. 北京：人民出版社，2009年版.

没有看到人的主体地位，而唯心主义虽然发挥了主体能动性，但否认了主体的客观实在性，只是精神的主体性。马克思主义人本思想在批判唯心主义和旧唯物主义的片面性的同时又汲取了两者的合理因素，既强调人在社会发展中的主体地位，又强调人在社会发展中的主体作用，把人的主体性放在了突出的地位。人的主体性是人作为主体在处理自己同外部世界的关系的对象性活动中实现、表现出来并得到确证的。

（二）重视人的能动性和创造精神

马克思主义人本思想重视人的主观能动性的发挥，尊重人的主体创造性。外部的世界不会自动满足人的需求，人要达到目的，必须发挥自己的能动性。主体能动性主要体现在主体的自觉性、选择性和创造性这三个方面。人类通过自觉能动性使人从动物界中分化出来并使得人与自己的活动分开。另外，真正的主体活动是积极选择的活动，选择某些目标而不是另一些目标，选择某些方法去实现目标而不是另一些方法，这些都是主体的选择性。创造性是能动性的最高表现，是对现实的超越。创造性不仅体现在人对自然的改造，同时也创造了“人自身”和人类的社会历史。马克思认为，人的存在是“积极的”存在。这种“积极的”特点归根到底源自实践本身所特有的创造本质。在社会实践中，人按照自己的本性——需要，能动地创造性地作用和改变外部世界，同时也改变自身，如此循环往复，推动着人的本质的不断变化和发展。从这个意义上说，人是自己本质的创造者。

（三）关注人的价值的实现

马克思主义人本思想强调尊重人，即尊重人的社会价值和个性价值，尊重人的发展要求，尊重人的独立人格、能力差异、人的平等、创造个性和权利等。马克思关注现实社会中的人，他指出：“人的本质不是单个人所固有的抽象物，在其现实性上，它是一切社会关系的总和”①。这就是强调要在人类的社会生活中揭示人的现实价值，并实现和发展人的价值。同时，马克思主义人本思想强调人是价值本位，也是价值目标。

---

① 马克思恩格斯文集（第1卷）[M]. 北京：人民出版社，2009年版.

（四）以实践为基点倡导人对现实世界的改造和变革

人本思想意味着一种对人的地位、作用、价值和意义问题的明确观点和基本看法，马克思主义人本思想不仅关注对人及其地位和作用的理解和解释，更关注对现实世界的现存现状的批判、改造和变革。强调要不断冲破一切束缚人的潜能和能力充分发挥的机制、体制，从而以此去实现人的解放、促进人的生成、推进人的发展。马克思指出："哲学家们只是用不同的方式解释世界，问题在于改变世界。"① 与传统人本思想不同，马克思更加重视以"改变世界"的方式实现人的解放与自由。马克思主义以现实的人为基本前提和根本出发点，关注现实的人的存在处境和生存困境，关注现实社会的现实矛盾和现实时代的迫切问题，并针对这种处境、困境、矛盾和问题提出有效的解决方式。

（五）社会和世界的目的都是人的目的

如果说康德有关人是目的的思想是马克思人本思想的重要来源，马克思则将这种理论上的陈述转化为现实的真正的目的。通过马克思的全部论述，我们可以发现，无论是他生涯早期的《1844 年经济学哲学手稿》，还是中期的《共产党宣言》，及至晚期的《资本论》，贯穿其中始终如一的主题就是人的发展和人的解放。社会生产的发达与高效，包括机器大工业的问世，都是为人的全面发展开拓了道路。所谓共产主义，不过是在高度发达的生产力背景下，通过公有制而实现人在物质利益面前的自由和解放。这是马克思主义人本观区别于其他种种色色的人本观的根本点。在马克思看来，实现人的全面发展和人的彻底解放，既要遵循社会发展规律（科学），更要坚持基本的价值追求。因此，马克思主义人本思想，在根本上是科学精神和价值归属的完整的统一，是马克思主义实事求是、解放思想的统一。

四、马克思主义人本思想在当代中国的发展

伴随着马克思主义在中国的传播和当代中国特色社会主义的实践与

① 马克思恩格斯选集（第 1 卷）[M]. 北京：人民出版社，1995 年版.

发展，马克思主义人本思想也在不断地深化和完善。

（一）“以人为本”——科学发展观的核心

2003年，中国共产党十六届三中全会首次提出了“以人为本”。中国共产党第十七次全国代表大会，把“以人为本”被列入党章，并且其被确定为中国特色社会主义理论体系最新成果——科学发展观的核心，后又被确定为党执政治国的基本理念。

“以人为本”是科学发展观的核心立场，强调发展为了人民、发展依靠人民、发展成果由人民共享，把实现好、维护好、发展好最广大人民的根本利益作为党的各项工作的出发点和归宿，不断使人民得到更多实惠，反对发展中见物不见人的错误倾向。“以人为本”把依靠人民当作发展的根本前提，把提高人当作发展的根本途径，把尊重人当作发展的根本准则，把为了人当作发展的根本目的。我们发展生产力，发展教育、科学、文化，进行物质文明和精神文明的建设，都是为了不断满足社会成员日益增长的物质文化生活需要，不断提高人的素质，不断促进人的解放和人的发展，不断扩大人的自由，进而实现人的自由而全面发展的理想①。

科学发展观中“以人为本”理念的形成和确立，首先是以马克思主义人本思想为其思想前提和理论基础，同时也是我党立足于社会主义初级阶段的基本国情及当代中国实际和世界发展情况而对马克思主义人本思想的历史性继承、创造性发展和现实性体现。

1. 实现了人本思想从思想理论形态向现实实践形态的转变。科学发展观中“以人为本”理念的形成和确立，实质上是我们党立足于当代中国实际和世界发展情况，将马克思主义人本思想的理论形态转变为现实实践形态的产物和结果。在此意义上说，“以人为本”理念主要是指在当代中国建设和改革实践中贯彻和运用马克思人本思想的一种社会实践观念。

2. 实现了未来社会理想向现实人民利益的转变。马克思主义人本思想以人类发展的客观事实为历史基础，以人在社会发展过程中地位、作

① 冯建军. 回归本真：“教育与人”的哲学探索［M］. 北京：中国人民大学出版社，2019年版.

用、目的和需求为主体依据，揭示了人类社会发展的内在规律，为人类历史发展指出了“未来社会理想”。而科学发展观中“以人为本”的理念则将马克思主义人本思想的未来社会理想成功地转化为当代中国实实在在的现实人民利益。党的一切奋斗和工作都是为了造福人民，党和政府的全部任务的责任，归根到底都是为了实现好、维护好、发展好最广大人民的根本利益。

因此，马克思主义人本思想是“以人为本”理念的思想前提、理论基础和思想本质，“以人为本”发展理念则是对马克思主义人本思想的继承、丰富、发展和体现。

（二）坚持以人民为中心

党的十八大以来，以习近平同志为核心的党中央，提出了坚持以人民为中心的鲜明论断，把人民对美好生活的向往作为奋斗目标，把人民满意作为做好一切工作的价值取向和根本标准；坚持人民主体地位，依靠人民创造历史伟业；在发展中让人民群众充分享用改革发展成果，不断增强人民群众的获得感，朝着实现全体人民共同富裕不断迈进。在这些内涵中，“人”是关键要素，实现“人的全面发展”始终贯穿其中。正如习近平总书记所指出的，改革开放在认识和实践上的每一次突破和发展，改革开放中每一个新生事物的产生和发展，改革开放每一个方面经验的创造和积累，无不来自亿万人民的实践和智慧。面对新时代的新形势新任务，必须把人民群众的实践创造作为源头活水，及时发现、总结、概括人民群众创造出来的新鲜经验，使之上升为理论和政策，同时动员指导人民开展新的实践，推动党和国家事业不断向前发展。

使人从各种奴役、束缚和压迫的关系中解放出来，使“每一个人”“一切人”都能够自由而全面的发展是马克思主义人本思想的价值追求和最高理想。习近平新时代中国特色社会主义思想，坚持以人民为中心，坚持人民主体地位，推动人的全面发展、社会全面进步、人民共同富裕，不断增强人民群众的获得感、幸福感、安全感。这一思想彰显了人民创造历史、人民是真正英雄的唯物史观，体现了以人为本、人民至上的价值取向和立党为公、执政为民的执政理念，这既是对马克思主义价值追求的继承和发展，也是中国共产党人不忘初心、牢记使命的鲜明表达。习近平新时代中国特色社会主义思想秉持人民至上，把人民对美好生活的向往作为奋斗目标，坚持为了人民和依靠人民的辩证统一。人民立场体现了对人民创造历史的地位和作用的深刻认识，体现了对人类社会发展规律的科学把握，体现了对保持党的先进性纯洁性的坚定追求。坚持以人民为中心的发展思想继承和发展了马克思主义人本思想，是马克思主义中国化最新成果。

从科学发展观的“以人为本”，到坚持以人民为中心的发展思想，在关于人的发展问题上都是一以贯之的，都是以实现人的全面发展为根本目的，这都是马克思主义人本思想中国化的成果。马克思主义人本思想在指导我们具体实践的过程中，也在不断开辟了马克思主义人本思想在当代中国发展的新境界。马克思主义关于人的全面发展的思想不仅是一种理论，更是一种实践，是理想性与现实性的统一。只有立足于社会发展的现实基础之上，这一思想才能有其实践的可能性。在当代中国，人的全面发展思想已经从马克思主义经典作家所预设的理想转化为社会主义现代化建设进程中的实践课题，并伴随着马克思主义在中国的传播而不断推进。正如学者孙正聿教授指出的，新时代的当代马克思主义哲学学术体系，就是继承和发扬经典马克思主义哲学所倡导的“实现人的自由和全面发展”的理念，把人民对美好生活的向往升华为探索时代性问题的哲学思想，把“人民最美好、最珍贵、最隐藏的精髓”升华为塑造行的时代精神的哲学理念，把人民关切的时代性问题升华为提供精神指引的哲学概念体系，即以“人民”为核心范畴和根本理念，致力于实现人民对美好生活向往的学术体系。

第四节　高校教师聘任制的人本意蕴

高校教师是学校的主体，他们的创造性劳动是学校事业成功与否的重要因素。高校教师聘任制在本质上就是一种人事或者人力资源管理制度，它不可避免地涉及对人包括对人性、人才、人事、人力等的理解和判断。因此，马克思主义人本思想与高校人事管理特别是教师聘任制有着密切的关系，甚至是从事高校人事管理工作的相关人员应该具备的基本知识和起码的理论修养。了解高校教师的工作特点并针对其工作特点和性质从人本思想出发理顺教师聘任中的各种关系，是高校人事管理工作者的基本职责。

一、高校教师的工作特点

教育是一种特殊的生产部门，教师是特殊的脑力劳动者。教师劳动、教师职业，都具有其独有的特点。调动教师的积极性与创造性，必须了解高校教师的工作特点。作为高校教师，其职业性质既具有普通教师职业的共性，同时又具有其特殊性。

（一）学术性

高校的教育不仅是向学生传授知识、培养他们成为专门人才的教育，还是一种学术性较强的教育。美国现代知名的教育家欧内斯特·博耶基于学术的功能——发现知识、传播知识、综合知识和应用知识等方面，认为教师的学术职业是以专门化和系统化知识的研究、教学、综合和应用作为工作对象的特殊职业。学术性的主要特点是教师对某一学科领域从事独立研究，有个人独立见解，教师可以充分发表个人的研究成果，而不受干扰和约束。教师在教学过程中，为了提高教学水平和自身的发展，还要从事与专业相关的科学研究、教学研究，要求在自由的学术氛围下，独立地进行探索。高校教师的学术性更加突出，学术水平的高低是衡量他们教学和科研水平的重要指标，高等学校的学术活动既包括开展科学研究所进行的活动，也包括为提高教育质量所开展的教育研究活动。科研活动有利于人才的培养，大学要提高人才培养和质量，必须以科学研究为基础，离开了学术活动，大学将无法有效进行学术交流和学科发展，从而影响大学的整体水平。

学术活动总是在一定的知识范畴中进行，学科是主宰学者工作生活的一种力量。不同学科、专业的学者在其各自领域的学术管理上最有发言权，因此学术评价要运用同行专家评估的方法。在学术上有不同意见，只能通过开展充分自由的讨论，逐步取得共识，而不能简单地由某个权威去作结论，也不能采取少数服从多数的方法。

（二）专业性

高校教师作为从事学术职业的主要从业者，有专业性的特质和要求：一方面要具备一种系统化的、规范化的知识，即学科知识。另一方面，从事的是一种专门化知识和专门的职业，即专业。一位优秀的高校教师应具备多方面的专业素养，如职业道德、专业知识和专业能力等。因此，并不是每个人都能做高校教师。高校教师所掌握的专业知识和具备的专业能力决定着高校教师业务素质的高低，而职业道德则是高校教师顺利完成相关任务的重要保证。教师的职业道德主要指要树立崇高的专业的理想，养成高尚的师德师风。专业知识主要是指所在学科的基础理论与专业研究领域知识、教育科学理论与技能知识等。专业能力则主要包含教育能力和学术能力等。教师作为专业人员，在职业道德、专业知识、专业能力等方面都要不断发展和完善。高校教师的活动主要是在各专业、学科内进行，因此学术管理等活动的重心应放在基层，要多听取基层学术单位的意见。

（三）创造性

高校教师从事的不是简单重复的工作，而是创造性的个体劳动，要在充满变化和富于挑战的系统中发挥自身的素质和能力，应对变化并推动知识进步。高校教师的教学不仅仅传播已有知识，还必须传授本学科发展的前沿知识。面对素质不断提高的大学生，也要求教师在传播知识过程中必须用富有创造性的思维方式、灵活多样的教学艺术，来取代定势思维和模式化的教学方式，以具有创造性的方式方法进行知识传播，才能提高学生的接受能力。科学研究是人类对未知领域的探索，具有探究性的特点，更是要求教师要将创造贯穿始终。高校的创新主要依赖于教师的创新精神和创造性的工作。随着信息技术的高速发展、经济全球化进程的加快，教师要站在知识发展的前沿，不断充实、拓展、提高自己，积极回应新的挑战。知识的创造需要自由，思想自由和学术自由非常重要。学术自由意味着各种命题、理论、信念、事实都应该受到挑战和得到检验。如果我们给学者规定一个框架，就不会出现真正的新知识。

（四）复杂性

教师劳动是一种必须接受专门教育和训练的人才能从事的复杂的脑力劳动。教师劳动的复杂性主要体现在以下几个方面。一是教育对象是复杂的。学生是受教育的对象，他们的素质、所处的环境、家庭背景、个体心理特征、认识能力和思维能力等方面都存在着个体差异，因此，教师的劳动不可能像某一物质生产劳动一样，用同一工序和同一加工方法作用于众多的劳动对象，而是要不断地了解学生的特点，采取有针对性的教学方法。二是教育过程是复杂的。在教育过程中，教师不仅要传授知识，还要培养学生的能力；不但要进行言传，而且还要进行身教；同时，还要使学生、家庭和社会充分配合，教育目的的多样性和综合性，决定了教育过程的复杂性。

（五）自主性

高校教师多数情况下是自主地工作，这与企业流水线上的操作人员被动地适应仪器设备有很大的不同。教师的自主工作方式，养成了教师高度的自主意识。他们希望拥有自主宽松的工作环境、弹性的工作时间。在工作中他们更倾向于自我学习、自我研究、自我引导。教师的这种自主性工作方式，决定了他们的工作效率和工作质量主要取决于其自觉性。大多数教师不是因为外在的规章制度约束，而是凭借其对社会、对学生的高度责任心，从而做到勤业、精业。教师要更好地从事教学和学术研究，充分发挥其才能，必须有一个宽松自由的环境。

因此，教学、科研等工作是学术性很强的工作，主要是精神生产，要靠教师自己独立钻研、思考、探索，也主要靠教师的内生动力。因此，高校需要充分地调动教师的积极性和主动性，激发教师的创造力和活力，才能完成相应的管理目标。

二、高校教师聘任制的环节

从系统观念看，高校教师聘任制度是学校人事制度改革系统的一部分，它本身也是一项复杂的系统工程，涉及学校各方面工作。在基于系统的教师聘任管理模式中，科学设岗、择优聘任、严格考核、按绩分配等四个主要内容是有机结合在一起的，它们相互促进、相互制约、相互联系，不断循环、不断完善，形成一个有效的教师聘任管理新模式。在这个系统中，科学合理的岗位设置是教师聘任管理模式的基础和前提，择优聘任是教师聘任管理模式的核心，全面、公正、严格的考核是教师聘任管理模式的有效手段和保障，按绩分配是基于系统观的教师职务聘任管理模式正常运行的动力源泉。

（一）岗位设置

岗位设置是高校实行教师聘任制的重要基础和前提，也是聘任制的重点和难点。高校教师岗位的设置应和学校的发展规模、学科建设需要及教师队伍建设的需要相适应。在我国，高校的岗位设置需要在教育主管部门核定的人员编制总数、职务结构比例、工资总额内，根据学校发展目标，以学科为导向，围绕人才培养、科学研究、社会服务等工作任务的需要，兼顾各类人员的现状和未来发展，合理确定岗位总量，科学设置各级各类岗位的结构比例。

岗位设置应本着科学、规范、优化、高效的原则，合理确定岗位总量，按照岗位结构比例，规范设置各级各类教师专业技术岗位，完善岗位设置分类分级体系，加强宏观调控和管理。

1. 设岗方式

实行教师聘任制，在岗位设置上必须克服因人设岗，要因事设岗。因事设岗目前主要有三种做法。

学科法。按照学科水平层次进行分类，再根据学科的现状及其发展趋势分配，每一类学科根据需要分配设置教师岗位，对于国家重点学科，博士、硕士学科，以及国家急需的学科、新兴学科、交叉学科等，在高级岗位的设置上予以倾斜。如某高校规定，教师高级岗位按二级学科点设岗，设岗学科分为A、B、C三类。其中，A类为具有一级学科博士学位授权点（单位）和二级学科博士学位授权点（学科）；B类为具有二级学科硕士学位授权点（学科）；C类为一般学科。各学科按照就高原则核岗，不重复计算。A类学科高级岗位数原则上控制在本学科教师编制总数的65%，B类学科高级岗位数原则上控制在本学科教师编制总数的50%，C类学科高级岗位数原则上控制在本学科教师编制总数的45%。学校可根据各单位学科以及教师队伍具体情况调节高级岗位比例，原则上上下浮动不得超过10%。校长具有一定的岗位调节权。这种方法使教师岗位与学科建设紧密结合在一起，增强了学科的活力，使队伍呈动态发展的状态，有利于学科建设与学校事业的发展。

任务法。以教学、科研、实验等实际任务为依据，根据任务的多少和难易程度、水平差异，把任务分解为多种类型和水平层次，按照单位现有人员数量机构，各级岗位申请以业绩成果为主要衡量标准进行核定。

任务法立足于完成基本的教学、科研任务，有利于教学科研任务的完成。

学科建设与教学科研并重法。这种方法既考虑学科建设的需要，又要按一定的任务来衡量，对一些公共教学部门则按照任务进行设置。如某大学规定，以学院为单位，依据学科水平和承担的教学科研任务设置教师专业技术职务岗位。首先，按学科水平设置的教师专业技术职务岗位：国家级重点学科设教授岗位 4 个、副教授岗位 2 个。教育部级及以上重点科学研究基地、重点实验室、工程中心、实验教学示范中心设教授岗位 2 个、副教授岗位 1 个。二级学科博士点设教授岗位 3 个、副教授岗位 1 个；二级学科硕士点学科设教授岗位 1 个。二级博士和硕士学科点以学校批准并实际招生的二级学科为核算单位；具有多重学科地位和名称的学科或基地按岗位数最多的一种设置，不重复设岗。其次，按教学（实验）任务设置的教师高级职务岗位：教授岗位数＝教学（实验）教师编制×5％，副教授岗位数＝教学（实验）教师编制×30％。再次，按科研编制设置的教师高级职务岗位：教授岗位数＝科研编制数×10％，副教授岗位数＝科研编制数×25％。各学院的教授、副教授岗位分别为以上三方面的岗位数之和。

2. 岗位类型

目前许多高校根据高校教师岗位特点、职责和任务将岗位划分了不同的类型，一般分为教学型、教学科研型、科研型三类。还有一些高校对岗位类型进行了更加详细的划分，如浙江大学把教师岗位分为了五类，分别是教学为主型、教学科研并重型、科研为主型、团队科研/教学型、社会服务与技术推广型；而北京化工大学按照教师承担的任务将岗位分为了教学为主型（A、B、C 三类）、教学科研并重型、科研为主型、工程应用和技术推广型、思想政治教育型（A、B 两类）、国防科研为主型六个大类九个小类，每位教师可根据自身从事教学科研工作的特点和优势，选择合适类型的岗位。

3. 岗位结构

高校教师岗位设正高、副高、中级和初级岗位。其中，正高和副高为高级岗位。正高岗位包括教授一至四级岗位和研究员一至四级岗位，对应专业技术岗位一至四级；副高岗位包括副教授一至三级岗位和副研究员一至三级岗位，对应专业技术岗位五至七级；中级岗位包括讲师一至三级岗位和助理研究员一至三级岗位，对应专业技术岗位八至十级；

初级岗位包括助教一至二级岗位和研究助理一至二级岗位，对应专业技术岗位十一至十二级。

（二）择优聘任

岗位设置后，学校制定教师岗位基本职责、任务和聘用基本条件，并根据缺岗情况组织空缺教师岗位聘任工作，教师根据个人特长和意愿来选择并申报适合自己的岗位。竞争上岗是聘任制的一个突出特点，通过竞争，单位可以根据需要聘用最佳人选。

应聘各级专业技术岗位的教师应具备高等学校教师资格，符合《中华人民共和国教师法》和《中华人民共和国高等教育法》的相关规定和要求；具有良好的思想政治素质、学术道德和职业精神，遵纪守法，为人师表，教书育人，学风端正；身心健康；有出色的学术水平，能全面、熟练地履行岗位职责，同时还需满足学历、任职年限及教学科研条件等任职资格。

1. 聘任组织

高校教师的聘任组织主要包含校院两级的聘任委员会、学术委员会等。高校要成立专业技术岗位聘任委员会，负责学校专业技术岗位的聘任工作。其主要职责是：组织制定并实施学校专业技术岗位聘用的各项规章制度；组织审定专业技术岗位设置方案；审批副高及以下专业技术岗位聘任人选；讨论决定正高级专业技术岗位聘任人选；讨论决定与专业技术岗位聘任有关的各项政策。

高校中除了校级层面的学术委员会，一般还要按一级学科或学院成立各学科或学院学术委员会。学术委员会负责对本学科或本学院申请高一级专业技术岗位人员的学术水平和能力进行评议，并向院、系、所（中心）专业技术岗位聘任委员会推荐专业技术岗位的聘任人选。

2. 聘任程序

教师聘任工作程序一般包含以下内容。

（1）学校公布设置的岗位名称、岗位职责及聘用条件等信息。

（2）应聘者提交应聘材料，并将反映本人学术水平和业务能力的材料提交相应单位。

（3）各学术评议组（委员会）根据申请材料对应聘人员的学术水平和能力进行评议。

（4）校聘委会办公室对拟聘用人员的教学、科研、资历等条件进行复核。

（5）校聘委会根据复核结果以无记名投票方式决定高级专业技术岗位人选，并对拟聘用为高级专业技术岗位的人员进行公示。

（6）学校公布拟聘任教师名单，公示无异议后学校正式聘任并签订聘任合同。

3. 聘任合同

学校与受聘教师在平等自愿、协商一致的基础上签订聘任合同。教师岗位聘任应由校长与受聘教师签订聘任合同或校长授权各单位主要负责人与受聘教师签订聘任合同。聘任合同应明确聘用期限、岗位职责、工作任务、考核办法和解除、终止合同的规则等内容。

（三）考核评价

教师考核评价一般包括年度考核和聘期考核，部分高校还开展教师的聘期中期评估。考核以学校对教师岗位的基本职责、工作任务和签订的聘任合同为依据，以客观、公正、公开、规范为原则，对教师学术道德和行为品德、教学情况（如教学质量和教学效果等）、科研情况（如项目经费、论文发表、学术影响等）、学校/社会服务情况（如担任期刊编委、组织学术会议等）。采取定量考核与定性考核相结合，自我评价、群众评议和组织评价相结合等方法，对受聘教师做出实事求是的评价，并实行考核结果公示制度。

受聘教师的年度考核，一般由所在院、系、所（中心）组织实施，考核结果由院、系、所（中心）决定。年度考核结果作为工资调整、职级晋升等的重要参考。受聘教师的聘期考核，由院、系、所（中心）组织进行。聘期考核以聘任合同为依据，考核结果作为续聘、解聘和调整岗位的重要依据。

（四）绩效分配

聘任制的一个重要环节是建立与受聘教师工作任务、工作业绩相对应的分配制度。绩效分配将教师的考核结果、职级晋升与职级工资待遇相联系。目前高校普遍实行基本工资、绩效工资和津贴补贴三元结构的绩效工资分配模式。基本工资包括岗位工资和薪级工资，岗位工资主要体现所聘岗位的职责和要求；薪级工资主要体现教师的工作表现和资历，执行国家统一制定的政策和标准，体现相对公平和累进效率的成分。绩效工资主要体现教师的业绩和贡献。津贴补贴主要针对艰苦边远地区和特殊岗位。绩效分配体现了“优劳优得、多劳多得、少劳少得、不劳不得”的精神，教师履行了岗位职责并完成相应的工作任务，就能够取得相应的报酬；对于业绩优秀者，可以得到较高的报酬；而对于履职情况不佳者，就要降低薪酬或取消。绩效分配主要根据教师的工作业绩，这有利于激励教师的工作积极性。

（五）分流安置

落聘、待聘人员的分流与安置是聘任制的重要环节，也是一个难点和瓶颈。在社会保障体系未完善前，这些人员主要是依靠学校在内部消化。随着社会保障体系的逐步完善，人才劳务市场的逐步建立，落聘、待聘人员可以通过校内外两种途径来寻求出路。部分高校为教师设置了离校缓冲期，如南方科技大学对于终止聘用的准聘制教师设置一年的离校缓冲期，便于教师寻找新的岗位。

三、高校教师聘任制的人本取向

高校教师的科研与教学水平既直接决定着高校教育质量的高低，也决定着高校的发展远景。因此，教师应当处于高校的中心地位。高校在改革中应坚持以教师为本，立足于教师的基本需求，确保高校教师在高校管理机制中的主体地位，尊重知识、尊重人才，进而形成教师与管理组织的良性互动与共同成长。聘任制是高校实行的一种用人制度，其基本原则是平等自愿、协商一致，其基础则是按需设岗、公开招聘，其本质是强调单位和职工的平等主体地位。而聘任合同更是为了规范单位和个人双方的行为，维护单位和个人双方的合法权益。教师拥有了对职业的自由选择权，可以选择适合自身特点的学校和岗位。这些举措都与马克思主义人本思想的内涵高度一致。

（一）尊重、关怀与激励是实施高校教师聘任制的根本指导思想

聘任制改革前，高校教师列入国家编制，以管理党政干部的模式管

理高校教师，教师和学校的关系是一种行政隶属关系。高校缺少用人自主权，教师缺乏选择的自由权。实施教师聘任制后，教师和学校在法律上是平等的主体，学校可以自主用人，教师可以自主择业，聘任的过程实际上是教师和学校双向选择的过程。聘任制中合同的双方在法律上的地位是平等的，并且合同的成立必须在双方当事人的意见一致下，这体现了对人的尊严和价值的尊重。

高校教师聘任制以聘任合同为中心调节机制，通过聘任主体自主表达意志来约定双方的权利、义务和责任。在聘任制下，教师的生存权利和学术自由能够通过约定的形式得以确立和维护，教师可以预期自己想要的工作环境和待遇，并通过合同条款的形式与校方协商达成一致。该机制充分尊重了聘任双方的意志自由，在公平正义原则的引导下有效地保障了双方的合法权益，体现了以人为本的精神。同时，高校教师聘任制改革的初衷也是为了改善教师的生存状态，调动教师的工作积极性。通过实施聘任制改革，从“以事为本”转变为“以人为本”，将高校的效益目标与学术目标有机结合，从而培养教师的创造性和责任感，最终激发高校教师的学术潜质。

如西安交通大学将传统意义上以“事”为中心的大学人事管理，真正向以“人”为本的战略性人力资源管理转变，构建灵活多元的用人机制，建立合理的“竞争-淘汰”机制，形成了终身制与合同制相结合、专兼职相结合的，更趋灵活的人才流动机制。西安交通大学还进一步完善激励考核机制，致力人才评价机制的创新，建立了更加合理、更加符合人才发展的分类评价指标体系，体现岗位职责的不同需求，强化代表性成果评价，注重质量和内涵。这在一定程度上改变了学校“西部地区集聚高端人才难”的困局，为学校人才队伍建设带来了历史性转变。武汉大学在教师聘任中坚持以人为本，畅通人才评价渠道。学校实施以代表性突出成果突破学历、资历等条件限制的举措，一批青年优秀人才以及在某一方面有突出成就的特色人才从激烈的竞争中脱颖而出。有的专注于各自科学领域的基础研究，取得了同行高度认可的高水平研究成果；有的专职从事应用研究与推广，在解决卡脖子技术方面发挥了重要作用，取得了一系列国际国内授权发明专利。2018 年，武汉大学在独立于各学部之外为教学专长型岗位单列指标、单独评审，重点评价教学实绩和育人成效，使专心教书育人的教师受尊重、能发展、有未来。

（二）促进教师发展和提高教育效率相统一是实施高校教师聘任制的主要目的

马克思主义人本思想的最终目标就是使人从各种奴役、束缚和压迫的关系中解放出来，使“每一个人”“一切人”都能够自由而全面的发展。实施教师聘任制的目的之一就是充分调动高校教师的积极性，促进高校教师的发展。

在1986年发布的《关于〈高等学校教师职务试行条例〉的实施意见》中指出，高等学校实行教师职务聘任制要有利于调动教师的积极性、创造性；要有利于保证学校培养人才和不断提高教育、学术水平，促进教师队伍的建设；要有利于科学技术工作为社会主义建设服务；要有利于促进学术交流，人才合理流动。许多高校在落实和推进高校教师聘任制的方案中，对聘任制实施的目的进行了进一步的阐述。北京大学在2003年教师聘任和职务晋升制度改革方案的征求意见稿及第二次征求意见稿的说明中明确提出，改革教师聘任和职务晋升制度是为了形成一流的师资队伍，应对日益激烈的外部竞争的挑战，从而实现建设世界一流大学的目标。中山大学在2003年教师聘任制改革中，时任校长黄达人教授指出，学校实行聘任制，目的不是解聘现在的在职教师，而是更好地吸引国内外优秀人才，从而满足学校发展的迫切需要。

因此，从国家提出的聘任制改革目标，到各个高校实施聘任制改革的目的，我们可以发现，高校教师聘任制改革具有双重意义。一方面是引入了激励机制。聘任制以岗位职责为基础，以能力和业绩为导向，能够激发教师工作潜力并自觉提升教学能力和学术水平的主动性和创造性，从而增强教师队伍的活力，促进教师发展。另一方面是引入了竞争机制。聘任制改革前，教师管理制度僵化，管理方式单一，人员能进不能出、职务能上不能下、待遇能升不能降，缺乏竞争机制，优秀人才难以脱颖而出。聘任制改革则改变了以往一聘终身的状况，实现了岗位能上能下，优化教师队伍结构；人员能进能出，从而解决了教师队伍合理流动的问题，这都有利于增强教师队伍的竞争力。不管是增强活力还是增强竞争力，最终都会提高教师能力，增强教师素质，使优秀人才能够脱颖而出；同时高校的用人效率、管理效率，以及教育教学工作效率也能得以提高，从而促进学校的发展。

高校教师聘任制通过建立激励机制和竞争机制，进一步增强了教师的责任感和使命感，充分调动了广大教师的主动性、积极性和创造性，努力营造了一个人尽其才、才尽其用的环境。与此同时，高校还关心教师的专业成长与发展，注重通过教师的培训、教育来不断提升教师的综合素质，为教师职务的晋升和专业发展提供一系列有利的支持条件。这样，高校教师能够最大限度地发挥出自己的才干，高质量完成学校的预期目标，从而使教师和高校能共同发展，实现双赢。

如复旦大学为了打破“唯资历”倾向，拓展青年人才事业发展空间，促使青年拔尖学者能够脱颖而出，学校开通了“青年杰出人才”晋升高级专业技术职务的专门渠道。取得突出成果的青年杰出人才，申请正高级专业技术职务时可不受“代表性成果数量”“任职资历”等方面的限制。学校通过严格的专家推荐、评审等程序，综合评价申请人的学术活力、学术影响和学术贡献，确保青年杰出人才的质量和水平。上海交通大学为激发研究队伍的积极性，以分类发展、多元评价为指导思想，探索建立研究队伍的岗位晋升体系，激励研究体系教师更好地投身基础学术研究、尖端科学探索、重大科技研发和服务国家战略。学校在现有研究员专业技术职务体系的基础上，设置科研系列的荣誉岗位，为取得杰出成就、做出突出贡献的科研人员设计晋升通道并提供保障机制。2019年10月，上海交通大学制定出台了《上海交通大学人文社科实践应用型（艺术）专业技术职务聘任实施细则》。该文件充分体现人文社科类特殊学科需求及艺术类实践应用型岗位的特点，岗位设置在音乐与舞蹈、戏剧与影视、美术、设计等相关领域中，主要面向在人文社科类学院（系）、研究院中承担教学工作，同时从事艺术等实践与应用性较强的专业领域工作的教师。经学校充分考虑获奖、贡献、业界影响力等各方面因素，综合评审后，有3位教师晋升正高职称。此举打破了“五唯”顽瘴痼疾，创新了人文社科实践应用型人才发展。

（三）科学管理和人文关怀相融合是实施高校教师聘任制的基本工作规范

教师聘任制的实施包括设岗、聘任、考核、绩效分配等环节，这些环节有着各自特定的涵义和功能，体现了科学的人力资源管理理念，同时也体现着人本主义的基本思想。

第一，科学设岗。高校教师聘任制根据岗位任务的不同而划分教师的岗位类别，制定岗位职责。不同的岗位因其任务的不同，需要的人力资源所具备的特有资质是不同的，因此，每一个组织机构要高效完成既定的工作任务，就必须尽一切可能把合适的人安排到最适合他们个体特点的岗位上并发挥其作用。高校通过设岗可以引导和促进教师将自身发展、能力与岗位要求、学校发展相结合。国内许多高校就是对教师岗位按照分类的原则进行聘任，如分为科研为主岗、教学为主岗、教学科研并重岗等，细分了岗位类别，打破了过去教师聘任时的“一刀切”模式，有利于提高教师的积极性、主动性和创造性，从而实现人尽其才、才尽其用。

第二，择优聘任。聘任制在进人、选人时坚持德才兼备的用人标准，注重应聘者的能力和水平，聘任考察过程中贯彻公开、平等、竞争、择优的原则，遵循严格的聘任程序，打破了传统的封闭、单一的人员选聘模式。这样既能使更多的优秀人才脱颖而出，从中发现学校所需要的人才，又可以激励其他教师积极向上。同时，择优聘任不是最终的目的，最终目的是使每个岗位上用的都是最合适的人员，“各得其所，各尽所能”，使聘任的人能在岗位上充分发挥其优势。

第三，评价考核。在聘任制中，考核评价结果作为调整人员岗位、工资以及解除、续订聘用合同的基本依据，是一项促进人才健康成长的奖惩制度，能够发挥奖惩在人事管理中的激励和约束作用，对于调动高校教师的积极性和创造性具有直接作用。

如中国农业大学在教师聘期考核中，坚持能上能下。2019 年学校组织实施第三轮专业技术人员聘期考核，学校提出常规考核、绿色通道、团队考核和代表性成果四种考核方式，突出重大业绩贡献导向，重点考核岗位绩效，坚持全面要求与尊重个性相结合，细化和完善包括其他专业技术职务岗位的考核评价体系和具体指标，设置考核“绿色通道”，建立代表性成果考评制度，建立团队聘期考核制度，在聘期考核中深入落实分型、分类的差异化、个性化考核理念。考核中，600 余名教师采取绿色通道考核，约占全体教师的 40%，既做到“不打扰”高绩效、高贡献的教师，同时也对其他教师按底线任务要求从严考核。经过聘期考核，600 余名教师升岗聘任，其中多位 75 后晋升二级教授，最年轻的一位受聘时不足 40 周岁；同时也有近 10 名教师低聘，破除了岗位聘任“能上不能下”的僵化状况。

第四，绩效分配。高校教师薪酬福利广义上为高校教师劳动所获得的工资、福利等各种形式的报酬，主要包括物质层面和精神层面。薪酬对于吸引和稳定人才、调动教师的积极性有重要作用。聘任制中，教师的分配收入与岗位职责、工作业绩和贡献的考核相结合，以岗定薪、按劳取酬、优劳优酬。这不仅为教师提供基本的生活和发展保障，更是对教师能力、价值和贡献的一种评价与认可，发挥了薪酬福利的激励手段作用，有效吸引和保留杰出的教学科研人才。

如清华大学改革教师薪酬体系，按照不同系列教师的岗位职责，实施相应的支持和保障政策，薪酬分配的总体导向是鼓励教师潜心人才培养和学术研究，鼓励教师创新创造。其中，教研系列教师实行年薪制，薪酬分配主要依据教师的学术水平、学术贡献、发展潜力、聘用岗位等因素；教学系列教师和研究系列教师均实行岗位绩效工资制，教学绩效工资的分配与教师完成教学任务的数量和质量紧密挂钩，科研绩效工资的分配与团队绩效情况以及个人完成科研业务的数量和质量紧密挂钩。按照以上薪酬改革方案，学校逐步建立起以岗定薪、按劳分配、优劳优酬、重实绩、重贡献的分配激励机制，从“帽子导向”“论文导向”“项目导向”转变为“学术导向”“业绩导向”“创新导向”。

第三章　我国高校教师聘任制的历史与现状

作为我国教师任用的一项基本制度，高校教师聘任制既植根于历史发展的延绵脉络中，又深置于现实的情境中，在不同的历史阶段、在不同的高校，其表现形态各异。什么是高校教师聘任制？高校为什么要进行聘任制改革？聘任制改革的进程和现状如何？高校教师聘任制改革取得哪些成效和不足？只有厘清这些问题，我们才能够立足于马克思主义人本思想的视角开展推动高校聘任制改革问题的研究。因此，本章重点就高校教师聘任制的改革轨迹进行梳理，并基于当下现实进行理性的审视。

第一节　新中国成立以来高校教师聘任制的发展历程

新中国成立以来，我国专业技术人员任用管理制度几经改革，作为专业技术人员任用管理制度重要组成部分的高校教师管理任用管理制度，其改革也是在专业技术人员任用管理制度改革的总体框架下进行的。中华人民共和国成立之初，我国主要是在借鉴苏联高等教育经验基础上，对过去的高校教师职务制度进行改革，并根据我国高等教育发展的实际不断进行探索实践。通过不断实践并总结经验，逐步建立并形成了具有中国特色的高校教师聘任制度。

根据中华人民共和国成立后我国高校教师任用管理制度建立并发展的进程，本研究将我国高校教师聘任制的发展过程划分为了四个阶段。

一、高校教师任命制、评定制阶段（1986 年前）

中华人民共和国成立后，我国高校基本沿用了中华人民共和国成立前的高校教师任用管理制度。在学习借鉴苏联高等教育管理模式基础上，将高校教师纳入国家干部体制进行管理。与此同时，我国对高校教师任用管理制度也进行了改革。国家在 1954 年、1955 年、1956 年，分别发布了《关于教师升等及干部管理问题》《关于修订教师升等问题的补充通知》《关于高等学校教师升等问题的几项补充通知》，开始教师的升等工作并对升等的对象、条件、程序等作了相应的补充说明。为了正确评价高校教师的学术水平和业务能力，1956 年，国家发布了《高等学校教师学衔条例》，提出以学术、技术水平来授予和晋升高校教师学衔，指出学衔是根据教师的学术水平、工作能力和工作成就所授予的学术职务称号并可以作为确定工资、政治及生活待遇的依据。《高等学校教师学衔条例》虽未生效实施，但也为后来的教师职务制度奠定了一定的基础。

在 20 世纪 60 年代，我国逐渐确立了教师职称制度。1960 年，《国务院关于高等学校教师职务名称及其确定与提升办法的暂行规定》及《关于执行〈国务院关于高等学校教师职务名称及其确定与提升办法的暂行规定〉的实施办法》陆续发布，两个文件明确了高校教师的职务名称及职务的确定与提升办法。文件还规定了确定和晋升的申报及审批程序：助教和讲师的职务名称由高校进行确定和提升；副教授和教授的职务名称确定与提升要经过学校批准，再分别报所在省级教育管理部门和教育部批准。从此，高校教师职务名称的确定与提升有了明确的规定。至 1965 年，全国根据 1960 年有关教师职务的暂行规定与实施办法开展了高校教师职务的确定和提升工作。

“文化大革命”爆发后，我国高校人事工作基本上处于停滞状态。

“文革”结束后，随着拨乱反正工作在教育领域逐渐展开，高校教师的任用管理制度也逐步得到了恢复。1977 年 9 月，邓小平同志同教育部主要负责同志进行谈话时提出了教育战线的拨乱反正问题“大专院校也应该恢复教授、讲师、助教等职称”，这为高校教师职务管理制度的恢复和实施奠定了基础。根据中央精神，中国科学院率先宣布恢复技术职称。1978 年，国务院批转教育部《关于高等学校恢复和提升教师职务问题的请示报告》报告后，各高等院校也都恢复了原有教师的职称，并根据“坚持标准，保证质量，全面考核，择优提升”的原则，分期分批地进行了提升和确定教师职称的工作。而且国家对教授的审批权限也下放到省级教育管理部门，全国高校连续几次进行了教师提职工作，到 1981 年 12 月底，全国高等院校确定和提升讲师以上职称 14 万余人。

1982 年，教育部颁布了《关于当前执行〈国务院关于高等学校教师职务名称及其确定与提升办法的暂行规定〉的实施意见》，提出将教师职务评审工作转入经常化。文件还明确规定将思想政治表现、业务条件、考核制度、评审程序、批准权限等内容作为高校教师职务确定与提升的条件，仍由教育部批准教授职务的提升与确定。该文件的颁布使得高校教师的职称评定工作逐步走向规范化、制度化，也极大地调动了高校教师工作的积极性。由于当时的职称制度只重视称号评价而忽视了人才使用，孤立地强调职称而忽视了职务的作用，在实际运行中表现为只有“评”而不用“聘”，暴露出一些缺陷和问题。有鉴于此，中共中央、国务院在 1983 年暂停职称评定，进行全面整顿。

二、高校教师聘任制改革探索阶段（1986 年—2000 年）

20 世纪 80 年代中后期，随着我国社会主义市场经济体制的确立和不断发展，我国教育领域的改革也在全面推进。1985 年，《中共中央关于教育体制改革的决定》颁布，高校的人事制度改革也随着我国高等教育领域的改革不断深入。在此背景下，我国高校教师任用管理制度的改革也在不断地探索推进。

1986 年 2 月，我国改革了过去的职称评定制度，颁布《关于实行专业技术职务聘任制度的规定》，开始实行专业技术职务聘任制。该文件还对专业技术职务的设置、任职基本条件、各级专业技术职务结构比例及工资额的确定、专业技术职务评审委员会、聘任和任命、行政人员与专业技术人员相互兼任职务的问题、已获得职称人员的安排、待聘人员的安排和待遇及离休、退休问题等进行了规定。1986 年 3 月，国家教育委员会颁布了《高等学校教师职务试行条例》和《关于〈高等学校教师职务试行条例〉的实施意见》等文件，明确了高校实行教师职务制度，并提出了高校教师各级职务的职责、任职条件、评审、聘任和任命等。文件提出，高等学校在评审各级教师任职资格时，应坚持标准，保证质量，全面考核，择优晋升。自此，我国高校开始实行教师职务聘任制度并开展了相关聘任工作，教师职务聘任工作进入了制度化和规范化的轨道。

1993 年 10 月，《中华人民共和国教育法》颁布，《中华人民共和国教育法》明确规定，国家实行教师资格、职务、聘任制度，由此，教师聘任制被纳入了法制化的轨道。1993 年 10 月，我国颁布了《中华人民共和国教师法》，其中也明确规定，学校和其他教育机构应当逐步实行教师聘任制。继 1986 年和 1988 年下放了部分高等学校教授、副教授任职资格评审权后，1994 年国家下放了部分高等学校教授、副教授的评审权，并进一步明确了高校应具备的授予条件及教授、副教授任职资格的审批办法及监督制度等。1998 年 8 月，九届全国人大四次会议通过了《中华人民共和国高等教育法》，并从 1999 年 1 月 1 日起开始施行。《中华人民共和国高等教育法》中也规定，教师经评定具备任职条件的，由高等学校按照教师职务的职责、条件和任期聘任。

1986 年以后实行的高校教师职务聘任制度，也称聘任制，核心在按需设岗和按岗聘任，教师主要根据学术水平和工作能力公平竞争上岗。但是由于缺乏相应的配套改革及有效的社会保障制度支撑，此时的高校教师聘任制未取得实质性突破，实施过程中存在重评审、轻聘任等现象。

三、高校教师聘任制全面推进阶段（2000 年以来）

进入 21 世纪，我国高校人事制度改革进一步深化。2000 年 6 月，中组部、人事部、教育部联合印发了《关于深化高等学校人事制度改革的实施意见》，明确要求加快高等学校人事和分配制度改革的步伐。按照“按需设岗、公开招聘、平等竞争、择优聘用、严格考核、合同管理”的原则，在高等学校工作人员中全面推行聘用（聘任）制度。学校根据学科建设和教学、科研任务的需要，科学合理地设置教学、科研、管理等各级各类岗位，明确岗位职责、任职条件、权利义务和聘任期限，按照规定程序对各级各类岗位实行公开招聘、平等竞争、择优聘用。学校和教职工在平等自愿的基础上，通过签订聘用（聘任）合同，确立受法律保护的人事关系。从此，我国高校教师聘任制改革全面铺开。2000 年以后，许多高校加快了教师聘任制改革的步伐，推行公开招聘制度，实行评聘合一，严格教师聘任条件，规范聘任合同和聘后管理。北京大学从 2003 年开始进行教师聘任和职务晋升制度改革；中山大学也在 2003 年颁布并实施《中山大学教师编制核定、职位设置与职务聘任规程》，全面推行教师聘任制。

2006 年 7 月，《事业单位岗位设置管理试行办法》颁布，在事业单位推行聘用制度和岗位管理制度，将事业单位岗位设置管理与工作人员收入分配制度改革结合起来，将事业单位岗位设置管理与人员聘用制度结合起来，将事业单位岗位设置管理与促进事业单位用人机制转换结合起来，并将职务工资改为岗位绩效工资制度，强调“按岗聘任、以岗定薪、岗变薪变”，这一管理制度的实施有力地推进了高校教师聘任制度改革的深化。2007 年 5 月，人事部、教育部联合颁发了《关于高等学校岗位设置管理的指导意见》，全面启动高校教师岗位分级管理制度改革，将高校教师岗位分为四层十三级，正高级的岗位包括一至四级，副高级的岗位包括五至七级，中级岗位包括八至十级，初级岗位包括十一至十三级。实施分级管理后，以岗定职，进一步强化以岗位设置为核心的教师分级管理制度设计。2014 年 4 月，国务院发布了《事业单位人事管理条例》，这是我国事业单位人事制度改革的一个里程碑，以行政法规的形式对包括高校在内的事业单位的岗位设置、招聘竞聘、合同、日常管理、人事争议处理等进行了全面规定。由此，高校等事业单位的岗位聘用和职务聘任制度框架定型。2017 年，教育部、中央编办、发展改革委、财政部、人力资源社会保障部等五部委在 2017 年联合颁布了《关于深化高等教育领域简政放权、放管结合、优化服务的若干意见》，明确规定了“将高校教师职称评审权直接下放至高校，由高校自主组织职称评审、自主评价、按岗聘用。”当年，国务院先后决定取消对高校副教授、教授评审权的审批。2017 年 11 月，教育部、人社部印发《高校教师职称评审监管暂行办法》，明确高校教师职称评审权直接下放至高校，并对高校职称评审工作、监管内容、监管方式和惩处措施等作出规定。人力资源社会保障部、教育部在 2020 年颁布的《关于深化高等学校教师职称制度改革的指导意见》也提出，实行评聘结合。高校根据国家有关规定自主设置岗位，结合岗位空缺情况开展教师职称评审，并将通过评审的教师聘用到相应岗位，实现教师职称评审与岗位聘用有效衔接。对此次改革前本高校评审通过、已经取得高校教师职称但未被聘用到相应岗位的人员，有关地方和高校要结合实际研究具体办法，妥善做好这部分人员择优聘用等相关工作。高校自主评聘职称，以聘任合同的形式把岗位设置、任职条件、招聘过程、任用管理等环节与双方的权利义务职责加以综合，这就把职称评审与岗位管理有机结合起来，实现了职称评审与专业技术职务聘任的有机结合。

近年来，“准聘（预聘）-长聘”制度在国内逐渐开始推行。这项制度通过一定试用期考核，遴选出符合要求的优秀教职人员，对其进行长期聘任并给予优厚的教学科研资源、充分的经济保障和较高的学术自由度。该制度一般将教职人员选拔分为准聘和长聘两个阶段。准聘岗位聘期通常为5—7年，通过严格的考核后可聘任长聘岗位。2018年1月，中共中央、国务院颁布了《关于全面深化新时代教师队伍建设改革的意见》，对新时代教师队伍建设改革做出部署安排。这是面向教师队伍建设的里程碑式的文件，也是新中国成立以来党中央出台的第一个面向教师队伍建设的政策文件，将教师队伍建设工作提升到前所未有的政治高度，标志着我国教师队伍建设迎来战略机遇期。针对高校教师聘任制，《关于全面深化新时代教师队伍建设改革的意见》提出，推动高等学校教师职称制度改革，将评审权直接下放至高等学校，由高等学校自主组织职称评审、自主评价、按岗聘任。条件不具备、尚不能独立组织评审的高等学校，可采取联合评审的方式。推行高等学校教师职务聘任制改革，加强聘期考核，准聘与长聘相结合，做到能上能下、能进能出。这为高校教师聘任制改革在新时代指明了方向。许多地方和高校开始对副高以下岗位实行了准聘（预聘）-长聘制，要求新聘教师在聘期内达到相应条件或晋升高一级岗位，才能获得长聘岗位或进入事业编制，否则继续为非事业编聘用或不再续聘。如江西省在2018年10月出台的《关于在全省高校建立岗位动态管理机制的指导意见》中就提出，积极探索准聘长聘制改革，鼓励高校在教学科研岗位开展准聘与长聘相结合的聘用制度；福建省在2018年11月出台的《关于深化高等教育领域简政放权放管结合优化服务改革的实施意见》中也提出，改革教师岗位聘用机制，推动高校完善教师职务聘任制度，支持高校在“双一流”建设中，在“高峰”“高原”学科建立人才“特区”，试行“长聘教职制度”。

第二节 我国高校教师聘任制改革个案分析

我国高校为了建设高素质教师队伍，积极推进教师聘任制改革，一方面坚定不移地打破传统体制下“全员终身制”的“铁饭碗”，另一方面也在改革中引入“准聘（预聘）-长聘”“终身职位”等多种聘任形式，并取得了显著的成效。

一、中山大学

（一）聘任制改革实践

中山大学在 2003 年出台了《教师编制核定、职位设置与职务聘任规程》，全面实施教师职务聘任制。为了推进改革，学校专门成立了中山大学教师编制核定与职务聘任委员会，教师编制核定与职务聘任委员会定期召开例会研究聘任制改革中的问题，将教师职务聘任作为学校日常行政事务的一项重要内容。学校首先进行合理定编，科学设置教师岗位。学校还明确了教师聘任期限，将教师职务聘任分为“有固定期聘任”和“无固定期限”两类，教授和部分副教授可以获得终身职位。同时，进一步明确了教师的工作职责，按照不同学科门类，学校分别制定了教授、副教授和讲师的工作业绩条件，各院系结合本单位实际进行细化。最后是签订相应的聘任合同并严格考核程序。学校以三年为一个考核期，根据《教师职务聘任合同》中规定的相应条款，对受聘教师进行考核。为了保障教师权益，教师可以就聘任、考核及处分等方面的问题向学校进行申诉或投诉。

学校党委书记、校长等校领导非常重视教师聘任工作，多次专门研究聘任过程中出现的各种问题；各单位领导把聘任制工作作为大事来抓，全身心投入，从设岗到聘任，反复研究，针对聘任过程中出现的问题做了大量艰苦、深入、细致的思想工作；广大教职工积极配合，通过对聘任制文件的认真学习、充分讨论，统一了思想。正是由于有广大教职工的理解和支持，才使改革拥有深厚的民意基础，能够平稳操作，稳步推进。

中山大学将世界高等教育界的一些有共识性的改革理念、理论，结合学校发展的实际，变成了一种具备可操作性的方案。

中山大学在聘任制实施十多年后，教师队伍整体水平不断提高，队伍结构进一步优化。为适应发展需要，从 2012 年起，学校启动《中山大学教授和副教授职务聘任实施办法》的制定工作，经过多次召开各种层面的讨论会，并在全校范围内广泛征求意见，最终形成《中山大学教授和副教授职务聘任实施办法》。该办法提出，要建立更加注重教书育人能力、学术成果质量、学术影响力，以及学术经历和发展潜力的教师聘任标准。

《中山大学教授和副教授职务聘任实施办法》以“代表性学术成果”评价为突破口，强调校内教授、校外同行专家和各级聘任委员会的学术评价作用。针对人文与社会科学、理科、工科、医科及公共外语与体育学科进行分类指导，分别制定了相应的职务聘任评价细则。《中山大学教授和副教授职务聘任实施办法》中的评价要素涵盖了教学投入与教学质量评价、代表性学术成果水平与影响评价、学术经历与活动评价和学术潜力与规划评价等内容，力求科学、全面。教学投入与教学质量主要评价申请教师承担教书育人的任务情况、教学能力及完成的教学工作量情况；代表性学术成果水平与影响主要评价申请教师的高水平学术论著、决策研究及其应用成果/技术开发与工程应用成果/人才培养与应用研究成果，申请人还应对每项代表性成果提交一定字数要求的学术水平与影响力的声明；学术经历与活动主要评价申请教师在学习经历、科研项目、学术事务与团队工作及学术传播与社会服务等 4 个方面的情况；学术潜力与规划主要评价申请教师的学术潜力和学术规划情况。

（二）中山大学聘任制改革工作的特色

1. 整体设计，分步实施。既要积极推进人事制度改革，又要让广大教职工能够承受，关键是要把改革的力度掌握好。经过学校合并，中山大学已进入一个跨越式发展的时期，新校区的建立、规模的扩大、学校的发展，为实施聘任制提供了很好的机遇，预留了很大的空间。中山大学将教师职务聘任制的实施分成两个步骤并分别出台《教师编制核定、职位设置与职务聘任规程》和《关于实施〈教师编制核定、职位设置与职务聘任规程〉实现从教师职称评审制到职务聘任制平稳过渡的若干规定》这两个文件。《教师编制核定、职位设置与职务聘任规程》是为了中山大学实施聘任制改革后的教师而设计；学校本着尊重历史的精神，制订了一个教师从职称评审制到职务聘任制平稳过渡的相应规定，即《关于实施〈教师编制核定、职位设置与职务聘任规程〉实现从教师职称评审制到职务聘任制平稳过渡的若干规定》，这是为了聘任制改革时在校教师能够有计划、按步骤地完成向新制度的过渡。

2. 民主决策，标准具体。专业技术职务聘任制改革是一项政策性很强的工作，关系到学校未来发展的战略导向，关系到学校人才队伍和教学、科研秩序的稳定，关系到每个教师的切身利益，实施专业技术职务聘任工作的核心是要有一个好的方案。中山大学制定方案整个过程前后历时两年，充分听取广大教师意见。2001 年，学校组建了由相关学科的专家组成的人事制度改革专家小组，负责教师聘任制改革方案的起草工作。2003 年初，学校开始在全校范围内广泛征求意见，分别召开多场涵盖学校各层面人员的座谈会，听取相关人员意见，并对改革方案的整体架构、具体指标进行了全面的修改，学校人事部门还组织了部分院系的模拟聘任，来测试方案的可行性。在此之前，相关方案曾连续两年提交学校发展战略研讨会进行讨论，专家小组根据各方面意见，对草案进行了反复修改。2003 年，改革小组正式将改革方案的征求意见稿提交中山大学教师代表大会、工会代表大会等会议讨论，校工会在校园网将《规程》全文上网，并通过“双代会”各代表团征求广大教职工的意见，收到修改意见及其他方面意见共 1000 多条。《规程》前后共修改了 30 余稿。2012 年启动的《中山大学教授和副教授职务聘任实施办法》的制定工作，同样是多次召开各种层面的讨论会，并在全校范围内广泛征求意见。

3. 精心组织，规范运作。从 2003 年颁布的《中山大学教师编制核定、职位设置与职务聘任规程》到 2015 年颁布的《中山大学教授和副教授职务聘任实施办法》都制定了具体的条件和规范的程序流程。《中山大学教授和副教授职务聘任实施办法》对于教师聘任的程序进行了详细的说明：根据学科发展需要进行岗位设置并发布招聘信息；接受应聘材料；院系、学校教务和科研部门分别对申请者进行师德考核及资格审核；材料公示；校外同行专家评议；院系教授会议推荐评议；院系教师职务聘任委员会进行审议并形成书面的推荐意见；学校进行教学评价专家组审核并组织学术评价专家组进行学术成果与水平评议；学校教师编制核定与职务聘任委员会进行审议；学校公示并聘任。中山大学教师聘任的流程清晰、严密、规范，保证了聘任工作的公平、公正、公开。

中山大学树立正确的人才观，逐渐破除限制人才发展的体制障碍，在全校范围内营造了“人人渴望成长、人人努力成才、人人皆可成才、人人尽展其才”的良好环境。学校按照“分类评价、注重实效”的原则，实行“代表性学术成果”制度，制定不同学科的评价细则，明确不同岗位的评价要求，建立了教师分类评价体系。通过综合评估教师的师德师风、人才培养、科学研究、学科建设、队伍引育、团队合作与交流等情况，鼓励教师做实事、做大事、做成事，不以量化管理来制约教师的创造力，不把教育经历、工作背景、学术头衔、人才称号简单等同于科研水平，充分发挥教师评价的“指挥棒”和“风向标”作用，最大限度地激发教师的活力。通过聘任制改革，建立了一个更加注重教师教书育人能力、学术成果质量、学术影响力，以及学术经历和发展潜力的聘任标准，这对我们构建新的高校教师聘任体系有很好的借鉴意义。

二、武汉大学

（一）聘任制改革实践

武汉大学在国内是较早开始进行教师聘任制改革的高校之一。2001年，武汉大学首先进行了定编、定岗、定责，在此基础上，按照相关程序对教师进行聘任。学校通过实施聘任制改革，把教师聘任和教师引进结合起来，专门预留一定比例的正高、副高岗位用于引进优秀人才，从而使教师聘任制成为学校引才、选才的平台。

2015年，武汉大学启动实施了新的教师聘任制改革，分别出台了《武汉大学全员聘用制实施意见》《武汉大学教师分类聘用管理办法》《武汉大学新选聘教师聘期制试行办法》等文件。

对于校内原有的教师，学校将岗位设置为教学为主型、教学科研型、科研为主型和社会服务型四类并明确了相应岗位的职责和任务要求，在编在岗教师按照岗位等级分别入岗到以上四类岗位并签订聘用合同。武汉大学通过推进全员聘任制改革，通过岗位设置和合同聘用，进一步明确了学校和教师的权利与义务，逐步建立了岗位明确、职责清晰的教师聘任体系。

对于新选聘的教师，武汉大学推行聘期制，以合约聘用管理与事业编制管理相结合。学校将新选聘的教师分为三类：第一类是符合学校教师选聘条件并有学科建设、教学科研任务单位的新选聘教师，实行“3 年＋3 年”或“5 年＋1 年”两个聘期的合约聘用，聘期内达到相应条件或取得本学科突出性成果的则转入事业编制聘用；首聘期内未能转入事业编制聘用但考核合格的可以续聘；第二个聘期届满，仍未能转入事业编制的，合约终止不再续聘。第二类、第三类分别针对特殊专业要求学历条件为硕士的新选聘教师和承担公共基础课教学任务的新选聘教师，由各个二级单位自聘，按照非事业编制人员管理，连续两个聘期考核优秀的可以签订无固定期限劳动合同。《武汉大学新选聘教师聘期制试行办法》指出了改革的目的：“通过聘期制建设，扩大教师选聘范围，吸引并培养优秀人才，优化学校师资结构；推动新选聘教师尽快脱颖而出，提高优秀成果产出率；建立一套‘能进能出’的教师聘用、晋升、流转机制。”

武汉大学此次教师聘任制改革重点在用人、选人两个机制。在用人机制改革方面，主要是在全校范围内分步推行了“全员聘用制”，逐步形成岗位明确、职责清晰、注重绩效的管理体系，从整体上增强队伍活力并提高学校核心竞争力。学校选人机制改革主要是围绕《武汉大学新选聘教师聘期制试行办法》，在学校层面建立“合约聘用管理”与“事业编制管理”相结合的教师选聘制度，采取新进教师“3＋3”合同聘期制等一系列新举措。

武汉大学自 2015 年启动聘期制教师选聘工作以来，共选留聘期制讲师 112 人，按照“3＋3”聘期管理，到 2018 年底首聘期到期的教师共 69 人。2018 年 7 月，武大正式启动首次转固定教职评审工作，通过院系、学部、学校的三级评审机制严格把关，历时半年，正式申报的 48 人中（含 42 名聘期制教师），共有 6 人被直接聘任为固定教职副教授。

（二）武汉大学聘任制改革工作的特色

1. 科学设岗，优化结构

学校按照科学、规范、优化、高效的原则设置岗位，根据国家编制管理、岗位设置相关文件要求并结合学校自身发展规划、事业发展、学科建设需要等因素综合确定教师岗位的总量。教师岗位则按照二级学科点进行设岗，并且还可以根据各单位学科以及教师队伍的具体情况来进行调节。学校还按照教学为主、教学科研、科研为主、社会服务四类对教师岗位进行了细分。

2. 公正评价，选贤举能

在教师聘任工作中，学校成立了相关聘任组织，制定了相关的聘任程序，并引入了教授会议、同行专家评议机制，做到了择优聘任。

首先是规范聘任组织。学校成立了人事人才工作领导小组，领导学校专业技术岗位聘任工作，同时还成立了学校专业技术岗位聘任委员会、学校专业技术岗位学术评议组、专业技术岗位聘任分委员会等组织，各负其责。为做到公平、公正，在进行聘任过程中，各级聘任组织成员和同行专家还实行回避制度。学校于 2017 年开始，优化三级评审组织功能定位，建立以学部为主导、竞争择优的评价模式，形成院系、学部、学校共同发挥效应的学术共同体，打破学科、院系内部封闭循环模式，强化外部学术认同与学术竞争。

其次是严格聘任程序。聘任程序主要包括公布招聘信息，接受应聘申请并进行资格审查，应聘者向教授会陈述，经同行专家评议，专业技术岗位聘任分委员会议定，学校资格审查小组复核，学校专业技术岗位学科评议组审定，学校专业技术岗位聘任委员会评议表决，签订聘任合同等环节。

再次是尊重学术评价。武汉大学在聘任程序中规定，教授会（教授委员会）对应聘者的学术水平、教学能力、发展潜力等进行评议。单位还要组织同行专家对高级岗位应聘者进行评议，依靠同行评价人才的业绩水平和实际贡献、学术价值和学术品位、科学家精神和创新能力，多维度多方位衡量应聘者是否在同领域同年龄段学者前列。

武汉大学实施以代表性突出成果突破学历、资历等条件限制的举措，一批青年优秀人才以及在某一方面有突出成就的特色人才从激烈的学部竞争中脱颖而出。他们中有专注于各自科学领域的基础研究人才，取得了同行高度认可的高水平研究成果；有专职从事应用研究与推广的社会服务型人才，在解决卡脖子技术方面发挥了重要作用，取得一系列国际国内授权发明专利。2018 年，学校在独立于各学部之外为教学专长型岗位单独评审、单列指标，重点评价教学实绩和育人成效，使专心教书育人的教师受尊重、能发展、有未来。

3. 合约管理，强化考核

（1）依法聘任，合同管理。各单位根据不同的学科专业及教师岗位类型细化合同内容，明确双方的权利和义务。学校校长授权各单位的负责人与受聘的教师签订相应聘任合同。教师聘期一般为四年。

（2）严格考核，全面评估。学校发布了相关考核文件，教师岗位职责及聘任合同中的岗位任务要求为进行聘后考核提供了重要依据。学校采取年度述职和绩效评估的方式对教师进行聘期考核，考核结果作为续聘、降聘、转岗、解聘、终止聘用、增资、晋级、奖惩的重要依据。

武汉大学在 2018 年开展了聘期制教师首次转固定教职的评审工作，经过学院审核、学部评审、学校审定，在正式申报的 48 人中，仅有 6 人被直接聘任为固定教职副教授，在网络上也引发了热议。对此，武汉大学人事部门负责同志表示，提高选人的标准、晋升的标准是总体导向，学校还会进一步加强对现有师资的考核，从而进一步激发教师队伍的整体活力。

武汉大学不断深化聘任制改革，积极构建以一流质量标准为核心的制度体系，优化学校、学部、学院三级评审机制，充分发挥优秀学者在学术治理中的作用，畅通了各类优秀人才的发展通道。由此，质量优先、竞争择优的一流标准和共识深入人心，同时也激发了学校教师发展的内生动力。武汉大学业绩优先、唯才是举的做法取得显著成效，学校人才队伍核心竞争力及国际影响力有了大幅提升，学校持续培养一流人才，产出一流学术成果，从而为学校的“双一流”建设提供了坚强的人力资源支撑和保障。

三、华东师范大学

2002 年 10 月，华东师范大学制定并出台了《关于在我校设立“终身教授”职务的实施意见》，决定在学校全面推行教师聘任制的基础上设立“终身教授”职务。终身教授的聘期从聘任为终身教授起至在学校办理退休手续止，期间不用参加考核，无正当理由，学校不得解聘。学校为终身教授提供终身教授津贴和补充养老金。华东师范大学明确提出，实施终身教授制是为了稳定学校重要学术骨干队伍，保证终身教授全身心投入重大基础性、原创性科研课题研究。2003 年 1 月，华东师范大学首批聘任了 62 名终身教授。

2012 年，华东师范大学根据国家相关人才队伍建设规划及学校中长期改革发展规划及《华东师范大学第十二个五年发展规划》所提出的师资队伍建设目标和要求，结合学校师资队伍发展状况，对《华东师范大学终身教授聘任实施办法》（华师人〔2007〕12 号）进行了修订，并于 2012 年 5 月印发了修订后的《华东师范大学终身教授聘任实施办法》（华师人〔2012〕10 号）。

华东师范大学终身教授的评选注重“社会公认度”，学校制定了具体的条件。一是师德师风。要具有良好的师德修养和职业道德，治学态度严谨。二是学术造诣。要在本研究领域具有很高的学术造诣，要有较高的学术声望或影响。三是学科建设。要对本学科的发展作出了重要贡献，是主要学术带头人。四是人才培养。包含对学生的培养要有成效，对青年教师的培养要有成长有发展。五是科学研究。科研成果突出，承担过重大研究项目或曾获得过重要的学术成果奖励。六是资历条件。候选人担任教授职务要满 10 年，并且在本校教授岗位工作不少于 5 年（有突出贡献者可放宽）等。条件中没有具体的量化标准，更注重质量和影响。

终身教授的聘任也强调其岗位职责，即对学校应尽的业务。学校对终身教授明确了相应的教育教学、科研、学科建设和学术梯队建设等任务。一是教育教学任务。如承担核心课程讲授任务，认真培养研究生，指导和从事教育教学改革研究。除学术休假或由于承担重大项目经批准专职从事科学研究期间外，每年至少讲授一门本科生基础课、专业基础课、通识课或公共选修课。二是承担相应的科研任务。如努力争取主持重大、重点研究项目，发表高水平的学术论文，出版高质量的专著、教材，积极为国民经济建设和社会发展中的重大问题提供服务。三是承担学科建设和学术梯队建设任务。如发挥学科带头人的引领和表率作用，积极主动培养与扶持青年教师的成长，围绕学术前沿问题，结合本人研究，每年为全校师生做一次公开学术讲座。

华东师范大学在推行教师聘任制的过程中，采用终身教授等多种聘任形式。对于学术造诣深厚的教授，学校在考核评价、待遇等方面给予全面优惠政策，为终身教授们抢攻国家重点科研领域、取得原创性、关键性科研成果解除后顾之忧。实践证明，这项改革举措成效较为显著，通过设立“终身教授”，学校一方面留住了一批优秀人才，同时还陆续引进了一批优秀人才。通过实施终身教授制度，对稳定学校骨干教师队伍，推动教师职务聘任制度改革发挥了积极作用。聘期聘任制的管理是以岗位的考核为基础，注重外在的管理和激励，是一种外在的激励机制。终身教授制度不以硬性的考核指标为管理手段，强调终身教授的自我激励和约束，更加符合学术研究的内在规律，更加体现了“以人为本”的管理思想。①

第三节　我国高校教师聘任制改革评析

我国高校通过聘任制改革，打破了原来的教师职务“终身制”，改变了以往“一聘终身”的状况，实现了岗位“能上能下”；聘任制以岗位职责为基础，能力和业绩为导向，增强了广大教师的岗位意识，激发了教师工作潜力，调动了教师从事教学、科研和社会服务的积极性和主动性，为提高教师队伍整体素质和创新能力提供了动力。随着改革的深入推进，许多高校教师在聘任制改革中陆续引入“准聘（预聘）-长聘制”等多种聘任形式，进一步建立“能进能出”的用人机制，从而解决了教师队伍合理流动的问题，这都有利于增强教师队伍的竞争力。我国高校教师聘任制改革已取得了一定的成效。

首先是转变了用人机制。在聘任制改革以前，高校在教师的任用上一直采用派任的方式。教师和学校的关系是行政依附关系，一经录用，便可终身任职，“能进不能出”；职称重在评选，一旦取得称号，终身不变，“能上不能下”。实行聘任制改革后，高校坚持按需设岗、择优聘用、以岗定薪、合同管理的原则，由行政任用转变为平等协商，由评职称转变为聘岗位，转变了用人机制，克服了原先职业铁饭碗、职务终身制和大锅饭的弊病。形成了人员能进能出、职务能上能下、待遇能高能低的用人环境和竞争机制，大大促进了人才队伍建设。

其次是增强了岗位意识。聘任制的实行建立了公平择优、平等竞争的选拔任用机制，学校可以根据需要选择适当人选，并可以解聘不称职教师。同样，受聘教师也有按照自己的意愿来决定受聘与否及合同期满

① 唐玉光. 教师职务聘任制需要终身教授制的补充［J］. 中国高等教育，2005（9）.

后决定续聘与否的权利。这一方面增强了高校的岗位意识，各个高校的领导高度重视岗位聘任工作，通过加强岗位管理来促进学科建设、队伍发展；另一方面也增强了教师的岗位意识，教师只能以自己的教学科研水平来争取相应岗位，并且明确了岗位职责和奋斗目标，为专业发展和职业生涯的设计注入了活力。基于岗位的竞聘上岗、择优聘用、以岗定薪、岗变薪变的薪酬分配与人员分流机制初步形成。

再次是推进了学科建设。实行聘任制以后，学校根据学科建设需要，科学设岗和合理布局。对优势学科、重点学科及有发展潜力的学科在岗位设置时进行优先考虑，对交叉学科、新兴学科进行重点支持和扶植并实行一定的政策倾斜，使有限的人员发挥出最大的效益。

通过教师聘任制改革，高校建立了充满生机与活力的人力资源管理和开发机制及良性竞争机制，营造了有利于促进优秀人才脱颖而出、快速成长、人尽其才的制度环境，有力地激发了教师的创造性和积极性，极大地推动了各个高校事业的发展。

一、聘任制改革中存在的主要问题

但就总体情况而言，我国高校教师聘任制还处于探索阶段，仍然存在许多不完善之处。在聘任制改革中，基本上是由政府主导的，政策体系偏重于刚性推进，教育行政部门和高校是命令与执行、决策与服从的行政法律关系，高校缺乏自主、能动。高校在聘任制改革中，学校处于主导地位，制度侧重于外在的约束与激励而缺少对教师内在的主体性的激发，教师沦为实现高校学术成果产出的工具和手段，教师的发展被牺牲。因此，聘任制改革中教师主体性严重缺失，忽视了教师作为人的存在的价值和意义，造成并加重了人的“物化”程度。作为聘任活动主体的教师成了没有自主性和创造性的被支配的对象。正如西方马克思主义代表人物马尔库塞指出，人们并不在过自己的生活，而只是在履行某种事先确立的功能。虽然他们在工作。却不能满足自己的需要和发挥自己的作用。他们是在异化中工作。[①] 在这种状态下，教师自由而全面发展目标的实现就面临着较大的困难。

---

① 马尔库塞. 爱欲与文明［M］. 黄勇，薛民译. 上海：上海译文出版社，1987 年版.

（一）高校自主权不够

只有高校拥有充分的人事自主权，才能更好地实现人力资源的优化配置。在我国，对公立高校来说，政府既是高校的领导者、管理者，又是高校的举办者和办学者。《中华人民共和国高等教育法》规定，高校是面向市场独立自主办学的事业单位法人，在法理上高校对于教师聘任方式具有独立的、充分的权力。《中华人民共和国高等教育法》还规定了高校享有七个方面的办学自主权，涉及高校办学的各主要领域。但是，政府管得过多、过细的问题并没有真正解决。从当前高校管理体制的实际情况来看，在一些地方高校，普遍面临着聘任教职员工自主权不够的问题。并且，目前的高校办学自主权也是在有限的范围内，政府让渡给高校的一部分教育行政管理权。因此，在人们的意识中，它一直是下放的权力，而非高校应有的权力。

在国家出台的有关聘任制的文件中，有些内容规定得过于具体，与高校所制定的教师聘任办法有交叉，并且有诸多的限制。“这在一定程度上限定了高等学校教师聘任权利的行使，造成在高等学校内部，作为聘任制办法制定者的学校管理者们，更多地趋向于由少数管理人员快速地作出决定的科层制模式，更倾向于政策规范的具体化和可操作性。这就使高校陷入既要扩大自主权，又渴望给予更确切的政策指导的矛盾之中。”①

（二）对教师的权利保障不够

高校教师的权利主要依靠国家的法律、相关制度、运行机制及物质来加以保障，我国在这些方面都已经取得了非常大的进步，但仍然还存在一些有待完善的地方。

1. 法律法规待进一步健全

配套、健全的法律法规是保证教师职务聘任制实施的关键。教师聘任制政策性强，涉及国家的相关政策、法规、制度较多，这就需要建立健全相关的高校人事管理法规，进一步明确国家、高校、教师的责任、权利和义务，从而有效地用法律形式保障各方的根本利益。

---

① 郭丽君. 大学教师聘任制：基于学术职业视角的研究［M］. 北京：经济管理出版社，2007 年版.

由于高校教师劳动的特殊性，他们所从事的是公法上的教育。教师与学校的关系不是纯粹的民事合同或劳动合同关系，而是教育行政权推行过程中的公法合同关系。这决定了高等学校等事业单位、社会团体的人事争议，既不适用于公务员系统的法律规范，亦不适用于《中华人民共和国劳动法》有关仲裁机制。中国人民大学法学院教授杨建顺表示，尽管我国的《中华人民共和国教师法》《中华人民共和国教育法》《中华人民共和国高等教育法》都明确了教师聘任制中教师的地位和作用、权利和义务，尤其是《中华人民共和国教师法》，更对教师的任用、考核做了全面规定，但教育行政部门和人事部门出台的具体的实施细则和配套的规章文件还不完善，尤其是缺乏对教师聘任办法做出明确界定、具体的、可操作的法律法规。

现有的法律和相关政策规定中，对于教师的招聘遴选、评价考核、教师权益保障与救济等也没有做出具体的规定，这样就只能靠临时颁布一些政策性文件来解决上位法的缺失问题。这也造成高校在制定相关教师聘任制的文件时，对教师招聘遴选、考核评价、教师权益保障与救济工作安排时没有相关法律依据，从而导致具体工作中随意性较大。

在《中华人民共和国教师法》中规定，当教师的合法权益受到学校侵犯时，教师可以向教育行政部门提出申诉，但对于受理机构、受理程序、申诉处理等缺乏进一步的操作性规定，对于如果学校拒不执行教育行政部门的处理决定的情形，法律中也没有明确规定后续的惩罚措施。这样就使得立法本身应具备的以权利为本位的属性在高等教育法中显得先天不足，教师主体地位难以体现，其权利救济也很难得到充分的保障。随着高校教师聘任制改革的深化，有关高校教师聘任的法律诉讼案件日渐增多。由于相关聘任制法律建设滞后，也导致教师与高校出现的相关纠纷不能得到有效解决。

2. 社会保障制度待进一步完善

我国的社会保障体系主要包括社会保险、社会救助、社会福利、社会优抚等。其中，社会保险是社会保障制度的核心，主要包括养老、医疗、失业、工伤和生育这五类保险内容。聘任制改革的目标之一就是要使“高校人”转变为“社会人”，这就需要健全的社会保障体系来作为支撑，而其中的失业保险、养老保险、医疗保险工作尤其重要。高校教师聘任制改革的成功与否，决定因素之一就是社会保障体制是否完善。健全的社会保障体系是聘任制实施的基础，只有健全的社会保障体系才能为高校教师的跨校、跨地区流动提供基本保证，也才能使教师聘任合同发挥实效，并且可以解决落聘教师的基本生活保障及再就业问题。

当前高校的社会保障体系还不是特别完善，涉及面并不广。很多高校仅含有医疗保险这一保障措施，无法为落聘教师提供完善的保障体系，这难免为推行以任期制和淘汰制为核心的教师聘任制造成阻碍。虽然国家在 2015 年启动实施了机关事业单位养老保险改革，但是，目前高校教师的医疗保险还未实现全国范围内的统一，全国大部分高校参加了医疗保险，而部分高校仍然实行公费医疗，两种模式截然不同，公费医疗高校的教师离开原学校后其医疗保障无法和医疗保险进行对接。

3. 物质保障待进一步提高

健全的社会保障体系可以让教师安心地从事教书育人工作，充实的物质保障可以激发教师工作的积极性、主动性和创造性。当前，高校教师的待遇水平并不高且不平衡。“高等学校教师薪酬调查”课题组 2013 年的调查显示，我国高校教师的年工资收入在 10 万元以下、10 万～15 万元、15 万～20 万元和 20 万元以上的分别占 47.7％、38.2％、10.7％和 3.4％，可见 10 万元以下的居多，收入水平偏低。按职务分析，正高级、副高级、中级和初级教师的年平均收入分别为 14.36 万元、10.33 万元、8.3 万元和 7.44 万元。相对于这样的一个知识密集型和人力资本高投入型群体，高校教师现有收入显然缺乏竞争力，特别是青年教师，入职时选拔的是优秀毕业生，而收入水平处于同期毕业生的中下水平，他们对收入的满意度非常低。调查还显示，教师的基本工资占总收入的 14％，稳定性、保障性的作用显著弱化，这与高校教师的职业特点不相适应。

国外高校教师的薪酬相比其他行业均处于较高水平，高校教师是社会中受教育水平较高的群体，收入水平偏低不利于教师队伍的整体发展，而且在国际市场上缺乏吸引力。目前我国高校普遍实行基本工资、绩效工资和津贴补贴三元结构的绩效工资分配模式，高校教师薪酬体系基本工资所占比重偏低，其保障功能就相对不足。这一方面不利于持续吸引优秀人才投身高等教育事业，也不利于教师安心本职工作。

4. 人才流动机制待进一步完善

在市场经济条件下，允许生产要素自由流动，充分发挥效能，对于促进创新有重要意义。人才的合理流动，能够产生思想的触碰，触发出人才新的价值，实现社会智力的重新组合，优化配置。保持高校教师流通渠道的畅通是保证高校教师聘任制得以顺利实施、人力资源得到合理配置的关键。教师在不同高校、不同行业、不同地区的流动是市场配置教师资源的必然要求，教师根据自身发展需要，向其他的高校、行业、地区流动，从而可以促进个人价值的最大实现。

教师聘任制的关键是“进”与“出”、“上”与“下”，要解决好“人才进不来，朽木出不去”的问题。当前我国还未建立起统一、健全的社会保障体系，尤其是统一、健全的医疗保险制度。部分地区、高校教师的户籍、档案还不能随着单位的调动实现自由化流动，并且户籍、档案办理的程序繁琐、时间较长，对教师的流动造成了很多的阻碍。此外，由于地区经济发展水平等的差异，不同地区医疗制度、住房制度、相关的社会保障以及社会保险制度也有较大差异，这也对教师的流动有直接影响。这就造成了聘任制改革是没有流动的聘任，或者是小范围流动，聘任中的落聘教师很难流向其他学校，也难以流向社会。

但是，近年来，在争创“双一流”的大背景下，高校之间的人才竞争日趋白热化，也出现了教师的无序流动现象，这同样也不利于教师潜心进行治学和科研。解决流动不畅及无序流动，都要继续建设一个良性的、公平的竞争环境，一个健全的、合理的资源配置机制。

（三）教师学术自由不够充分

根据马克思的看法，自由是主体在认识活动和实践活动中追求和表现出的一种状态，一种境界。① 人们普遍认为，学术活动最基本的规律是学术自由。也即，自由地学习、自由地教学、自由地探索，从事学术研究或教学的学者有探求知识、追求真理而不受非法干扰、支配和空着的权利。这是大学最重要的价值支柱之一。周光礼教授认为学术自由有两个层面的含义，即权利层面的学术自由与精神层面的学术自由。大学是学术的，因而它最需要的是学术自由，若无学术自由，大学就难以生存下去。大学是精神的，是从事心智活动的，它是出思想、出观念、出主义的地方，若没了思想自由，它还能出什么呢？大学是自生产的，自组

---

① 袁贵仁. 马克思的人学思想［M］. 北京：北京师范大学出版社，1996 年版.

织的，因而也最无需外部的干预。大学不是别人画好了图纸自己再去施工就可以的。

就现状而言，高校教师的学术自由不够充分。这一方面表现为教师在学术事务中的权力没有得到充分的体现，学术民主没有得到充分的保障；另一方面主要表现为学术活动被狭隘的功利主义所左右。受此影响，高校教师尤其是青年教师失去了学术研究的主体性和主动性，学术活动不再围绕学者的兴趣去探索未知，而是为了完成相关考核任务，学术工作沦为生存工具，高校教师也成为被动的“学术工人”。这种持续施压的方式虽然激发了教师对教学科研工作的时间投入，却又在一定程度上带来组织与教师行为的功利化取向，不利于教师学术的自由探索与创新，不利于教师履行立德树人的使命。高校中教师间的过度竞争也使教师缺乏一种相对平和的心态进行学术研究，追求“短平快”，学术风气日益浮躁。正如王建华教授所言，在今天，对于学术自由的强制性干预逐渐被诱惑所代替，学者面临的压力不再是如何与政府、企业或教会的强制力去抗争，而是如何经得住利益与权力的诱惑，保持住自己心灵的自由。

（四）教师的主体性待进一步发扬

主体性主要是指人作为活动主体在实践中表现出来的能动性、自主性和自为性。高校教师聘任制的实施过程中，聘任的对象是高校教师，是“具体的人”。而在当前，聘任制度尤其是其中的考核评价制度强调客观性，偏重标准化，并且注重于制度的刚性执行，将教师视为物化的人、受控的人，教师在聘任活动中缺乏选择，更谈不上自主和自为，进而造成了聘任中的“目中无人”现象。在聘任关系中，学校处在强势地位，在聘任中拥有主导权，教师处于被动地位，教育活动中的人就被异化成为一种被强势主体控制的对象①。

1. 考核评价不科学

一是数量化。许多高校在考核中单纯以教师的教学时数评价教学工作，以论文著作数量、科研项目经费总量等来衡量教师的科学研究工作，教师沦为发论文、拿项目的机器，忽视了教师的教书育人实效及科

① 杜楠，周福盛.. 论教育评价中人的理性回归：从“抽象的人”到“具体的人”[J]. 中国考试，2021，(9).

研成果的创新质量和实际贡献。量化评价标准是客观、明确的，较为客观、公正，但是也造成了教师急功近利，注重追求学术研究上的短期效应。

二是简单化。目前许多高校对科研成果的评价只强调课题与成果的级别，对申请课题与获奖级别高低、课题数量做了规定，而忽视了课题的实际应用价值；对论文的评价上，以刊物级别、影响因子等来判定论文水平，并以发表在相关级别、相应影响因子刊物的文章来判定教师岗位晋升、聘期任务、绩效奖励的依据，而不重视论文的质量，对论文的内容更没有相关要求。如某高校在其科研成果奖励文件中，以刊物分区及影响因子作为奖励的标准。

三是单一化。部分高校对教师的考核按照一个统一的评价指标体系、同样的标准来实施评价，“一把尺子”量到底，忽视了教师个体之间的差异性，也没有充分考虑教师的不同岗位类型。部分高校教师考核周期过短，科研任务较重，不少教师迫于考核周期的压力，无奈放弃需要长期深耕的选题，选择“短平快”的问题。不少教师尤其是青年教师，被沉重的科研压力和密集的考核频率压得喘不过气。

因此，我们可以看出，当前高校教师考核评价工作中存在手段较为单一，标准体系不完善，与绩效、利益挂钩过于紧密等问题。对教师从事教育教学工作重视不够、重数量轻质量的情况还比较严重。单纯以效率为目标的刚性评价标准造成了“一刀切”的评价模式。同行评议制度没有真正地建立，外行评内行，从而导致评价结果不科学，也使得评价流于形式。考核评价偏重于管理功能，学术评价受到外部标准的控制，忽略了评价对于服务教师发展的功能。在此影响下，部分高校教师成为“数字的奴隶”。正如有的学者指出，总体而言，对学校工作尤其是教师的劳动，学校当前的诸多做法是一种工具理性思维方式和以“物”为本的评价模式。为了绩效而绩效，将绩效看成办学的最终，关心结果而不去问过程，从工作量的斤斤计较到业绩的极端货币化转化，只见物不见人①。

与此同时，在教师的考核评价中还存在着考核不彻底的问题。部分

---

① 杨小芳，贺武华．新管理主义对公共教育改革的影响及其反思［J］．教育发展研究，2013，33（10）．

高校在对教师考核中没有建立公开答辩及学术评议的机制，仅由学院的领导在教师履职考核表上填写考核意见，从而导致考核评价流于形式，也没有起到激励约束并促进教师成长的作用。

2. 聘任双方地位不平等、合同不规范

聘任合同是高校和教师依据法律法规，按照平等自愿、协商一致的原则确立聘任关系，明确双方责任、权利和义务的规范性文本。它一经签订，就具有法律效力，当事人之间就产生了权利和义务的法律关系。合同规定了双方的责权利及有效期限，用人单位有聘用和解聘的权利，个人有应聘和辞聘的权利。签订聘任合同是教师聘任的重要环节。它对于建立教师和学校之间平等的法律地位，维护和谐稳定的聘任关系，给予教师可靠的职业保障，使教师安心地从事相关的教学、科研等工作具有不可替代的作用。

目前，我国高校教师聘任活动中学校和教师的地位不对等，教师一般处于被动地位，聘任合同的内容、签订、执行等也存在一些不规范的情形。一是合同条款中学校与教师的权利、义务规定不对等，体现学校权利和教师义务的条款较多，而体现学校义务和教师权利的条款偏少；二是聘任合同中对学校和教师双方的权利、义务规定的内容过于概述，不够具体，操作性不强，无法产生其应有的法律效力；三是存在事实上的不平等现象，高校处于优势地位，合同内容大多由高校拟定；四是部分学校和教师合同意识不强，合同期内不严格履行合同，或合同到期后不及时签订续聘合同；五是聘任合同文本在高校间不统一，各高校之间聘任合同差别较大。

这些因素导致了高校教师的聘任合同失去了应有的严肃性和约束力，也不能发挥其保障双方合法权益的作用。并且，由于缺乏合同意识，部分教师在聘任期内履约意识淡漠，不能严格按照合同要求完成约定的岗位职责和工作任务。如在郭某诉江南大学人事争议案中，郭某博士毕业后被江南大学引进并签订聘用协议书，协议书约定：郭某在进校第二年起的四年内如不能晋升为副教授，则从第五年 1 月 1 日起不再享受江南大学的工资、津贴、补贴等待遇，同时办理离校手续。后郭某参加学校组织的副教授评审并未获通过。江南大学以郭某未能完成与江南大学约定的协议为由，不再聘用郭某，但郭某反将江南大学告到了法院。经法院审理，江南大学严格履行了合同约定的内容，并认为郭某提出的继续履行协议书的上诉请求没有事实依据，不予支持。

通过上述众多问题可见，高校教师聘任制在实施的过程中发生了“异化”，从调动高校教师积极性并促进教师发展的制度异化为压制高校教师主体性的制度。在这种“异化”的制度环境下，教师处在缺乏自由的生存状态之中，个人被片面化和原子化，人只能是小写的人、客体的人、没有自我的人；人的主体性受到侵害，人只能是任人配置的“零件”、任人宰制的“客体”……并最终成为如边沁所言的“一批人形的机器”。

二、聘任制改革中存在问题的主要成因

聘任制涉及国家、社会、学校及教师，改革中存在的问题成因非常复杂。总体上说，当前我国高校教师聘任制改革中存在问题的主要成因有以下方面。

（一）对人的本质认识不足

马克思是通过人的社会性、人的社会关系去认识、说明人的本质及其表现，并且这个本质是在现实的社会关系中存在并发展和表现着，而非作为人的自然属性先验地存在着。在马克思看来，人并没有先在的、前定的、固定不变的本质和本性，人的本质和本性是由自己在其实践活动及其社会关系中创造、决定和生成的。也就是说，只有把人看作现实中的人，并深入到他所处的现实社会关系中，才能真正全面地科学地把握人——人的本质。马克思把“人是人的最高本质”作为自己的立足点，或者说，“我们的出发点是从事实际活动的人”。人的社会性及其表现形式是多方面、多层次的，并且人的本质不是单一的，而是多样的。因此，对人的本质和本性的认识也不能简单化，必须结合实际加以具体的历史的考察和分析。同时，人具有主体性，也就是人作为活动的主体区别于活动客体的特性。人的主体性主要是指人作为活动主体的能动性、自主性和自为性。

聘任制实施的对象是高等教育系统中的人——高校教师。教师是高校发展的核心和关键，在聘任活动中，应当反映人的本质，反映高校教师劳动的特点。要强调教师在聘任活动中的主体地位和主体作用；教师

聘任制的价值取向也应是尊重人、解放人，实施聘任制的最终目的应该是促进教师的发展；聘任考核评价中，既要关注学校的发展需要即教师的普遍问题，注重考核评价的整体性和统一性，更要考虑到教师个体即教师个体差异，注重评价的个体性和差异性。

根据西方人性假设理论的研究，可以把一个职业组织中成员区分为经济人、功利人、社会人、组织人、自我实现人、自主人、知识人、管理人、文化人等职业人性类型。当前，我国高校人事制度的设计较多地以“经济人”作为人性假设，即人的一切行为都是为了最大限度地满足自己的利益，工作就是为了取得经济报酬。这就将高校教师的工作动机与取得经济报酬密切联系，从而忽视了高校教师“学术人”的特点。组织中不存在单向度的人、一维的人，人是复合式的，是上述一些人性特征的交叉与复合，必然表现出复杂多变的特点。我们需要多样地、动态地观察人、了解人，管理也必然是多样性的，是动态的，是多元的。

根据梅约等人的研究，高校组织中同时存在着呈现出松散结合状态的教学部门和紧密结构状态的非教学部门这两种不同的结构。由于双重系统的存在，在学校中就出现了以专家学者为主的学术系统和以管理为主的行政系统这两大集团。尽管两者的目标取向基本一致，但行政方面在运行中强调以法规为主，重视自上而下的权力服从。而学者方面主张自治原则，认为自己有能力决定自己的学术活动。因此，在大学中长期以来存在着行政权力与学术权力既合作又冲突的局面。当前，高校的日常管理通常只是从管理职能、组织结构等角度考虑问题，很少从人的角度、教师的角度来考虑问题。管理者比较多地强调学校组织的权威性、等级性以及各种行为的规范性，而忽视人的情感、个性、欲望、能力等因素的作用。忽视了自下而上的能动性，忽视横向的沟通和协调。正如有学者所说，在相当程度上，对人的本质、教育的本质以及各级各类教育规律的忽视、认识不够和错误认识，是导致当前我国教育评价问题的一个深刻思想根源①。

人的主体性是人作为活动主体区别于活动客体的特性，是人的生存方式和发展方式，也就是人积极地、能动地、自主地和创造地生活才是

① 石中英. 回归教育本体：当前我国教育评价体系改革刍议［J］. 教育研究，2020，41（9）.

人的生活。如果人不是积极地而是消极地生活，他就会感到悲观，就会对生活失去乐趣；如果人不是自主地生活，他就没有自由，就会感到压抑；如果不能创造性地生活，他就不能实现自身的价值。而自由作为人类的“类本性”，是人类精神的本质特征，能够激发人的积极主动性、能动性。人的被动性、消极性就是自由的沉睡和丧失，在压力之下失去自由就会转化成为奴隶性。所以，没有自由也就没有人的积极主动性和能动性的发挥。目前高校的改革大多主要由行政主导，教师往往是改革的对象，被动地适应一系列改革，无法自主、自为。这就导致了高校教师缺乏主体地位和主体权利，缺乏自主性。

人性具有共同性，但更具有差异性。聘任制的对象是人，但不是抽象的人性，是鲜活的、具体的生命。聘任中考核评价的数量化把教师当成了机器，更把教师塑造成了机器。在标准化、统一化的评价机制中，教师个体的个性差异被忽视，非人格化的、数字化的有序性也抹杀了教师个体的多样性，影响了管理效率。

因此，当前我国高校教师聘任制改革最缺失的就是教师的主体性、自主性。外部约束与激励没有转化为一种内部自觉与自我激励，反而因功利化与不确定性引发教师持续的精神紧张与焦虑。没有发挥通过聘任制来促进教师自我认识、自我分析、自我改进、自我完善和自我教育的目的。高校教师作为受众，即使有意愿也很少有机会或渠道能够将其对现有高校教师聘任制度安排或体系的真实感受、客观评价、改革建议等有效信息传递给政府或公众。显然，这种信息不对称不仅会造成高校教师聘任制度改革的重重障碍，而且也会对改革中可能面临又亟须厘清和明确的相关重要问题（如高校组织性质、教师职业身份、政府和高校及高校和教师间的法律关系等）陷入认识窘境。①

（二）新管理主义的影响

源于二十世纪七十年代末到八十年代“打破大锅饭”的经济改革，社会主义市场经济体制对高等学校管理体制的要求是建立一套高效的管理体制，提高办学效益和工作效率。这就要打破原先的平均主义，充分

① 杨爽. 中国高校教师聘任制度变迁：机制探索与理论构建：超越历史制度主义范式［J］. 大学教育科学，2021（3）.

发挥各个高校和每个人的作用，合理配置各种资源，建立起“能者上、优者奖、庸者下、劣者汰”的新机制。为此，国家不断改革高等教育管理模式，破除束缚高等教育改革发展的体制机制障碍。随之而来，在西方教育改革领域中居于主导地位的新管理主义也逐步渗透到我国高等教育管理领域。

“新管理主义（New Managerism）的主要精神是以市场为基础的治理模式取代传统官僚体制，以‘效率’‘弹性’‘竞争’‘绩效管理’等为其追求。其精髓就是将私营部门的管理理念、系统和技术运用于公共部门，倡导效法企业精神，实施自由竞争，减少政府管制，关注结果，重视效率效能和绩效考评，降低运行成本。”① 因此，新管理主义强调明确的绩效标准和绩效评估并引入竞争机制。新管理主义在高等教育领域的影响不断扩大，管理主体以经济、效率、效能为行为准则，致力于提高管理的技术，注重实现管理目标的各种可能方式和手段，而忽视了公共性。公共性的丧失使得管理活动发生价值偏离，变成纯粹的管理活动。在高等教育公共管理中，绩效本是一种资源管理的手段，但是有些地方绩效本身成为目的，在追求绩效的行动中，教育公共性价值则被放在一边。这一方面造成教育主管部门通过绩效产出来管理高校；另一方面，高校也通过绩效产出来考核评价教师的工作成效。

我国在 2015 年印发了《统筹推进世界一流大学和一流学科建设总体方案》，该方案中明确提出：“坚持以绩效为杠杆。建立激励约束机制，鼓励公平竞争，强化目标管理，突出建设实效。”“强化绩效，动态支持。创新财政支持方式，更加突出绩效导向，形成激励约束机制。建立健全绩效评价机制。对实施有力、进展良好、成效明显的，适当加大支持力度；对实施不力、进展缓慢、缺乏实效的，适当减少支持力度。”在这份世界一流大学和一流学科建设的总体方案中，“绩效”一词高频率出现，体现了“绩效”优先的价值取向。香港城市大学协理副校长程星教授在谈大学的绩效问题时指出，尽管高教界对大学绩效指标的衡量作了很多研究，可由于社会大众对大学的运作不了解、不熟悉，因而对于他们来说最简单易懂的绩效评价就是排名，各种大学排行榜也应运而生。假如

① 杨小芳，贺武华．新管理主义对公共教育改革的影响及其反思［J］．教育发展研究，2013，33（10）．

一般老百姓以排名为依据对大学说三道四，也就罢了。最可怕的是政府也接受排名这种衡量大学绩效的做法，并以此为依据分配资源，那么大学就会被排名牵着鼻子走。这对未来大学发展是一种毁灭性的破坏。

同时，高校内部的行政管理体制也具有科层组织的一些典型特征，如权力分配的等级化、分工的专业化、明确的规章制度等，而高校内部的科层制也是以组织目标、效率为核心的制度。

由于各种评价指标普遍重视科研成果的数量，因此扩大教师队伍规模就成了提升科研产出、提高排名的利器。在“双一流”建设绩效杠杆的压力下，各个高校为了提高科研绩效，纷纷扩大教师队伍规模，原本就存在的高校人才竞争更是日趋白热化，“双一流”对于人才的虹吸效应明显。“双一流”指挥棒，正在引导人才流向一流大学的一流学科，各高校无不是求贤若渴，在求贤时上更是八仙过海，各显神通，人才竞争全方位展开。2021 年 4 月，中国南方某大学 6 年引才 8 000 多人的报道在网上引发热议。该大学按照预聘制方式，聘用大量博士为“特聘研究员”“特聘副研究员”。随着教师队伍规模的扩大，学校的科研经费规模也随之大幅增长。经过三年时间，该大学科研经费总额就从 10 亿元发展到近 30 亿元规模，国家自然科学基金项目立项全国第二，国家社科基金、教育部人文社科项目全国第一。但是该大学新招聘的这些专职科研岗位人员主要为非事业编制流动岗位，淘汰率偏高，3 年之后只有很小一部分人能够继续留在该大学。为此，网上对该大学的这一做法争议很大，被质疑这种做法有“割韭菜”之嫌。

受新管理主义影响，高校教师的考核评价中工具理性泛滥，片面强调数量，教师间过度竞争，而脱胎于西方终身教职的预聘-长聘制在我国高校也逐渐呈现“绩效工具化”的倾向。高校预聘-长聘制的制度初衷由“激励选人”异化为促进论文、项目、获奖等科研成果产出；在考核中偏重于科研成果的数量与级别而忽略了科研成果的质量、创新性和应用价值；部分高校预聘-长聘制的运行中缺乏对青年学者专业发展的引导与支持，仅关注聘期内教师的科研成果产出，单向度的行政管控工具倾向明显。任可欣、余秀兰通过对某“双一流”高校 S 大的 18 位青年教师进行访谈时发现，以新管理主义为特征的高校教师评聘制度使青年教师的学术生活充满了不确定性与压力。

新管理主义盛行造成了过度关注绩效，即管理者由于对绩效管理体系存在认知偏差，导致在管理中过度使用、过度依赖绩效考核并过度延伸绩效功能，产生各种不良后果的现象。2021 年 6 月，上海某高校发生了数学科学学院教师姜某刺死系领导王某一案。据称，姜某在学校工作 6 年，最终学校选择不续聘，由系领导王某通知他结果，导致姜某行凶。媒体人张丰指出，“发生的这起凶案，可能和‘非升即走’没有必然的关联，但是‘青椒’们的‘共情式苦闷’，却值得人们给予更多关注。呼吁取消考评，普遍采用‘终身制’，当然极不可取，但是这一考评如何更科学、更具人性化，有没有改善的空间，确实需要高校领导多加掂量。至少，它对‘青椒’们心理健康的影响，作为雇主的校长们不得不多加关注”①。

如果教师的行为不是由他的自觉的“自我”而是由其他东西所决定，那么教师的自主性就会被减少。正如阎光才教授所言，三十多年来，我国教师聘任制改革总体上带有效率取向，更倾向于以外在约束与激励而不是从学术组织、学术职业和学术工作的特殊性以及高校教师成长规律的角度来进行政策设计与建构制度。这种持续施压方式虽然激发了教师对教学科研工作的时间投入，却又在一定程度上带来组织与教师行为的功利化取向，不利于教师学术的自由探索与创新、人才培养使命的担当。因此，对于改革的成就我们固然不能否认，更不能回到原点，但确有必要基于学术组织特性与学人成长规律来予以全面反思，重新考虑制度设计取向的合理性，使之如何能够体现工具效用与价值内涵、人才选拔与培养、物质回报与精神激励、约束规范与自由宽松的对立统一。简而言之，一个好的聘任制度就在于：它是否能够真正吸引和遴选一批真正有潜质、有学术抱负与工作激情的学者，给予其职业发展的预期与相对稳定的保障，以内在精神追求和自觉自律来实现自身的价值。

① 张丰. 复旦凶杀案反思：“非升即走”和“青椒”们的学术内卷［N］. 经济观察报，2021-6-9.

第四章 国外高校教师聘任制的人本视角管窥

从世界范围看，一些发达国家的高校教师管理模式已形成了一套比较成熟的经验和管理制度，借鉴这些成功的管理经验特别是教师聘任方面的办法和措施，构建适合我国国情并符合未来发展趋势的高校教师管理体制具有重要意义。由于各国的历史传统和具体国情不同，大学教师聘任制的实施也存在不同的特点。总体来看，国外发达国家高校教师聘任制大致可分为三种类型：一是美国式的终身教职制度，二是德国式的讲座教授制度，三是日本式的终身雇佣制度。这三种教师聘任制虽然类型各异，但都重在保护学术自由，为教师提供职业安全，并给予教师充分支持，并通过严格的标准和合理的程序来保证教师队伍的质量。分析这些国家高校教师聘任的特点和做法，并从中汲取可供借鉴的经验，尤其是其中蕴含的人本价值导向，是推进我国高校教师聘任制改革的重要环节。

第一节 美国高校教师聘任制及改革

美国拥有完备的、规模庞大的、极具多样性的高等教育体系，是世界上拥有高等院校数量最多的国家之一，一批优秀的大学稳居各类世界大学排行榜的前列，是当今世界高等教育的“中心”。政府出于对国家和社会发展需要的考虑对高等教育进行了宏观调控，主要通过立法、经济资助、科研投入、颁发指导性文件等途径，对高等教育进行了卓有成效的调控，促使美国高等教育在规模和质量上都有发展的同时，也满足了国家和社会发展的需要。

一、美国高校教师聘任制概况

美国高等教育发达，高校众多，且高水平大学云集。美国的高校也拥有着世界一流水平的教师队伍。美国高校教师聘任制度建设系统完备，并形成了开放的、层次分明的、分工有序的教师聘任制。终身教职制是美国高校教师聘任制的一个基本特征。

1915 年，美国大学教授协会（The American Association of University Professors，简称 AAUP）成立，这是一个旨在保护教师的学术自由的专业组织。美国大学教授协会为了推行大学学术自由发布了两个历史性文件——《学术自由与教授终身制委员会总结报告》（*General Declaration of Principles and Practical Proposals*）和《关于学术自由与教授终身制原则的陈述》（*Statement of Principles on Academic Freedom and Tenure*），主张建立终身教职制度来保护教师的学术自由和职业安全。终身聘任制包含了与之相关的试用期制度、同行评议制度、解聘程序及解聘前的司法听证制度等。这项制度受法律保护，既是对教师学术职业的一种制度性保护，也是对教师学术成就与水平的认可。

美国高校教师在聘任类型上主要分为三类：终身聘期制（Tenured）、准终身聘期制（Tenure-track）和固定聘期制（Non-Tenure）。对于获得终身聘期的教师，只要不出现不道德、与教师身份不符的行为、精神或生理疾病等情形，他们可以在退休前一直任职。对于进入准终身聘期的教师而言，他们一般需要经历最多 7 年的终身聘期准入期考察，并在终身聘期准入期的最后一年得到学校是否授予其终身聘期的通知，如果没有获得终身聘期资格，则需要离开学校，也就是俗称的“非升即走”。对于固定聘期教师而言，合同期满或者合同资助款用完后学校就不再聘用，他们没有应聘终身教职的资格。美国高校教师主要分为了正教授、副教授、助理教授、讲师、教员。正教授和副教授一般是终身聘期教师，助理教授一般为准终身聘期教师，讲师和教员一般是固定聘期教师。

美国高校终身教职制的评审程序非常严格，虽然各个高校有所差异，但基本内容是类似的。刚毕业的博士，一般至少要经历 10 年多的努力才能晋升为正教授，其中包括 2～3 年的博士后、至少 5 年的助理教授、3～4 年的副教授。申请终身教职可以有两次机会，一般在任教的第 5 年和第 6 年，教师所在系或科对其科研、教学和参与学校社会和管理活动情况组织评定，然后依次到学院、学校，直到学校董事会最后认定。如果两次申请没有通过，则在第 7 年必须离开本校而另谋出路。

在美国高校中，教师的晋升和终身聘任是学术激励系统的两个重要环节。在许多高校中，晋升和终身聘任的标准基本一致，教师在获得晋升的同时也就同时获得了终身聘任。但是在具体实际操作中，晋升和终身聘任又存在着一定的差别：教师的晋升主要是对教师已取得的学术成就和学术水平的认可，而终身聘任则主要是基于教师的学术水平、对学校发展作出的贡献以及将要对学校作出的贡献的预期，从而为教师提供职业安全保障。与此相对应，教师晋升的标准侧重于教师在本专业领域的现实水平与发展潜力，而终身聘任的标准则侧重于教师对学校可能作出的预期贡献的大小。

二、美国高校聘任制改革

美国高校以终身教职制为架构的教师聘任制度也面临一些非议。如许多教师获得终身教职后，工作积极性下降，学术成果减少；终身制与学术自由的必然联系也受到公众的质疑。高校面临着财政紧缩造成的办学经费压力，社会也要求高校提高资源使用效率和效能。

面对相关的责难，美国大学教授协会（AAUP）在开始阶段并不愿接受人们对终身教职制度的改进建议，也反对实行终身职后评审，认为终身职后评审将会危及终身教职制度的学术自由理念。但是，面对来自政府、社会的评估与问责、财政等多方面的压力，美国大学教授协会（AAUP）也在逐渐回应社会的要求，并在政策方面做出了适当的调整和让步。美国高校开始对以终身教职制为架构的教师聘任制度进行了不同程度的变革。一份有关约 280 所学院和大学的调查表明，有关传统的终身制的改革建议大多都是建立终身后评议机制、设立长任期职位（多年）、非终身职位聘任以及设立“中止终身任职期”的条款，这些条款允许教师中止终身任职期一年，有时候也可以两年。该调查所报告的传统终身政策的改革还包括调整试用期（延长试用期限、增加灵活性、附加更多的限制条件等），严格规定终身制职位的数量，改革提前退休人员的政策，对放弃终身制的激励，以及修订财政应急政策或相关的临时解聘政策。

为了应对财政及社会问责的相关压力，增强学校人力资源管理的主动性和灵活性，部分美国高校取消了终身教职，有的州也在着手取消终身教职，但大多数学校还是在围绕终身教职制进行补充完善。

（一）暂停或取消“非升即走”

“非升即走”制度主要为了筛选出“货真价实”、适合学术工作的优秀人才进入学术共同体，然后再给予这部分人不受干扰、不被解雇的职业特区——终身教职。这项制度一方面保证了学校选聘教师的质量，另一方面也维护了教师的权益。在某种意义上也削弱了学校的主动权，因为按照制度规定，教师的准入期不能超过 7 年，期满后教师如果满足相应要求则必须转入终身聘期。“暂停或取消‘非升即走’制度，实际上是要延长试用期，在一定意义上也可以算是取消教师的试用期。在终身教职缺乏空位的情况下，可以让部分优秀年轻教师免于非升即走制度的约束，从而留住才华出众的年轻教师。”①

还有部分高校以长期合同或者可续约的合同对教师开展非终身聘任，也即聘期较长的定期聘任或有限期聘任一般为 6～7 年或 5～10 年。在长期合同或可续约合同到期后，教师如果能够通过相应的评议就可以继续聘用。“正因为如此，有人建议在保留终身教职的前提下，将长期合同作为另一种选择，对于愿意选择长期合同或者放弃终身聘任的教师给予补偿，如可以提前享受学术休假、领取暑期工资或享受提前退休待遇等。”②这种长期合同聘任增强了高校在规划、财务等方面的灵活性，也可以激发教师的学术活力。但是许多人也指出，长期合同聘任也可能会损害学术自由。因为迫于考核压力，教师容易急功近利，从而不利于他们开展长期性、创造性的学术研究活动。

（二）减少终身职位，实行限额制

部分美国高校迫于财政压力，同时为了降低终身教职的风险，减少了终身教职职位或者对终身职位的数量进行了限定。与此同时，美国高

①② 贾永堂．坚守还是弱化终身教职制度：美国高校教师聘任制改革动向［J］．高等教育研究，2008（12）．

校还大量聘用非终身制（Non-tenure track）和兼职教授（Adjunct professor）来从事日常的教学工作，还有一些高校将终身教职的门槛提高到教授层次。

许多美国高校一般综合考虑学校建设规划、资源获取情况、招生趋势以及学科专业发展前景等因素来确定本校终身教职的比例、数量。“爱达荷州立大学在学校层面实行限额制，规定终身教师不可以超过全职教师的75%。在加州路德教会大学，终身教职的上限是66%。斯普林菲尔德学院规定终身教师的比例既不得低于55%又不得高于67%。”① 而《教育统计年鉴2017》（*Digest of Education Statistics 2017*）的调查数据显示，全美处于终身教职序列的教师比例自20世纪90年代以来呈下降趋势，从1993—1994年的56%下降到了2016—2017年的46%。

许多高校还大量雇用兼职人员。据美国教育部全国教育统计中心统计，1993年至1998年，40%的美国高校采取措施削减全职终身教职；其中22%的高校用“固定兼职”的教职来取代全职终身教职。在1991年至2011年这20年间，美国高等教育机构中兼职教授的比例从35%上升到50%。有的社区学院兼职教授比例高达70%～80%，连著名私立高校纽约大学都拥有超过50%的兼职教授②。而随着教育信息技术的发展，未来的高校将雇用更少的教师，教授更多的学生。

（三）推行终身教职聘后评议制度

在终身教职队伍中存在着一些不思进取的人员，这引发了社会对高校终身教职的非议。但是解聘教师的程序过于复杂并且很少使用，因此美国高校采取了另一种促进教师流动和提高教师工作效率的方法，即终身教职聘后评议制。高校每隔一段时间就对每位教授的工作进行评议，即使是那些已经获得终身教授职位的人。评估的目的在于了解教师发展中存在的困难，并为教师的自我提升提供必要的帮助。美国学者认为，终身后评议“通常意味着一套系统的、综合性的包含主要同行评议的程序，其目的在于具体地评价教师表现和促进教师发展；如果有必要的话，

---

① 杨丽君. 美国大学教师聘任制改革及对我国的启示［J］. 江苏高教，2011(3).

② 程星. 细读美国大学［M］. 北京：商务印书馆，2015年版.

要采取改进措施；如果不能拿出合理的改进计划的话，可能采取制裁措施……多数政策都要求对所有终身制的教师进行定期评议，通常是 5 至 7 年为一个周期……还有些学校要求进行有选择的教师评议，这种情况往往是一些因素诱发的，常常是由于年度评议出现了不能令人满意的情况”①。

终身教职聘后评议制度出现后也引起各方的广泛争论。支持者认为，终身教职聘后评议有利于教师了解自身工作状况，及时反思和提高工作；而反对者则认为，终身教职聘后评议会破坏对教师的学术职业保护措施，损害教师的创造性和并损害教师同事间关系的和谐。尽管如此，终身教职聘后评议制度及终身制教师工作的监督与评价在美国高校越来越普遍，也已经成为美国高校终身教职制度今后发展的方向和趋势。

终身聘任后评审的目的在于了解教师发展中存在的困难，并为教师改进自己的行为提供必要的帮助。因此，评估的主要目的不是确定哪些教师应该被解聘，而是为教师审视自己的学术活动提供参考。

美国的教师及其代表团体如美国大学教授协会（AAUP）和美国大学协会（AAC）积极参与高校教师聘任制制度的建构和完善，引导制度变革朝着有利于促进学术自由的方向发展，在平衡制度变革的效率取向和学术自由取向中发挥重要作用。如上所述，在整个 20 世纪，美国大学教授协会（AAUP）先后发布了《关于学术自由与教授终身制原则的陈述》等一系列文件，对高校教师的聘任年限、终身任职要求、解聘程序、不续聘标准等做出了详细规定，促成终身教职的建立与完善。

终身教职制度在美国受到的一系列挑战也预示着高校对终身教职的改革势在必行，终身职后评审制度是美国终身教职制度的进一步发展方向。美国大学教授协会（AAUP）在终身教职制度面临严峻挑战时积极调整政策，维护了终身教职制度的核心理念。多样化的高等教育系统需要多样化的教师职位和聘任制度，这是美国大学终身教职制度的改革和发展现状。

与其他国家高校教师聘任制相比，美国高校教师聘任制具有以下显著特点。

---

① 阿特巴赫. 变革中的学术职业：比较的视角［M］. 别敦荣，主译. 青岛：中国海洋大学出版社，2006 年版.

一是公开招聘。美国高校经过长期的实践探索，已经形成了一套成熟的教师招聘程序。首先，发布公告。当出现教师职位空缺时，招聘单位会在本行业影响较大的媒介上（报纸、杂志以及网络等）发布公告，并在广告中详细描述对招聘人的基本要求，包括学历、经历以及为人处世方面的能力，同时对招聘单位的情况、招聘职位的具体工作范围和要求作简要的介绍。第二，成立招聘委员会，具体负责招聘的相关工作。第三，初步筛选。招聘单位在收到申请人简历后，先进行初步的筛选，将候选人名单缩小到五六人。第四，同行评议。为保证评议的公正性和客观性，教师招聘通常要对候选人进行外部同行评议，对候选人的学术水平做出鉴定。同行评议人数视招聘岗位不同而不同，评价意见有极其重要的作用。第五，面试并审议。学校根据招聘职位的重要程度和学校经费情况，邀请一到三个候选人到校进行面谈，系和学院的教授会议对应聘者进行讨论、评议并投票。第五，正式聘用。报学校相关负责人审批同意后，由学校与应聘者签订聘任合同。

二是严格考核。美国的终身教职制通过对初级教员的严格考核，在此基础之上拥有世界上最严格的评价和考核程序。每一位被聘为终身教职的教师都要经历任期“非升即走”的评价过程，一般在第六年开始对其科研、教学和参与学校社会和管理活动情况组织评定，然后从系到学院再到学校，直至校董事会进行最后认定。同时，美国高校招聘教师特别是高职级别的教师也有非常严格的程序，整个过程甚至要持续半年、一年甚至更长时间；如果没有招聘到合适的人选，学校则会重新组织招聘，以保证聘用教师的质量。

三是学术保障。美国高校终身教职制度的确立，维护了高校的学术自由和学者权益，营造了宽松自由的学术环境，激发了高校教师的创新热情，促进了美国高校的发展，进而促成了美国在世界高等教育领域的领先地位。“美国大学成为当代世界的艳羡，与他们为教授科研与教学提供了前所未有的学术自由是分不开的。”①

美国高校特定的历史文化背景孕育了其特定的教师聘任制度，即学术生涯早期竞争淘汰准入机制的“有固定期限”和晚期地位较高职业保护的“无固定期限”相结合的制度，这种制度既选拔了优秀人才，又保

① 程星. 细读美国大学 [M]. 北京：商务印书馆，2015 年版.

障了学术自由。美国的终身教职制是对长期从事教学及科研的教师给予的一种保障制度，这种制度适应了学术职业的特殊要求，强调以终身教职制度来维护学术自由。这种稳定的工作环境，使得终身教职教师没有后顾之忧，可以安心致力于教学及科研，也激励着青年教师不断提升自身素质。这既利于人才的选拔，也利于其教师队伍素质的提升，最终使其学术水平不断得以提升。

当然，美国高校教师聘任制度的发展是以社会保障、福利待遇等制度为前提的，采用了评议与绩效考核相结合的方式，而面对来自外部的财政紧缩及公共舆论的压力，多数高校对传统的教师聘任制进行了改革。改革主要是围绕着适度弱化对教师的终身聘任并推行终身教职的聘后评议制度以增强效率和效能。美国高校的经验也表明，只要发挥好终身教职的优点并克服其局限性，保留这种制度是明显有利的。

第二节　德国高校教师聘任制及改革

德国高等教育历史悠久，实力雄厚，影响深远。与其他欧洲国家相比，虽然德国大学产生较晚，但是德国大学的数量迅速扩张，并且发展迅速。1810 年成立的柏林大学首次提倡和实行教学与科研相结合，这赋予了高等学校新的职能。20 世纪前后盛极一时的德国大学被包括美国、法国等在内的各国高等教育机构竞相效仿，成为后来众多大学发展的典范，也奠定了当时德国世界高等教育中心的地位。德国建立了多层次、多类型的高等教育体系，德国大学一般分为学术型和非学术型两类。学术性大学是德国高等学校的主体，不仅招收的学生多，而且还拥有授予博士学位及大学授课资格的权力，而非学术性大学一般没有这种权力。

一、德国高校教师聘任制概况

在德国高校中，教师分为两类，即教授和其他辅助人员。教授是由政府任命的享有终身教职的国家公务人员，在各自的学科领域里独立承担相应的研究及教学工作，在学校中拥有较大的权力，享有很高的声望和学术自治权利。按照德国《高等教育总纲法》的规定，教授分为三级：C2、C3、C4，这既表示了工资的差别，还代表了学术水平的差异。C2、

C3 级的教学和科研领域较窄，C4 级教授才有资格担任大学的主持教授。其他辅助人员主要是助教、合作教师和特殊任务教授。

德国高校教授的聘任则一般经过如下程序。第一步，出现教授职位空缺后，根据院系的申请，由学校发布招聘通知，公开招聘。第二步，院系成立由相关教授等组成的聘任委员会，对应聘者提供的应聘材料进行审核，进行同行评议或试教，并在应聘者中确定三名建议聘任人选。第三步，院系聘任委员会对建议聘任人选进行审议并上报学校。第四步，学校评议会议对候选人进行审议，将通过者向州学术部上报。第五步，州学术长官进行审核确定。

二、德国高校聘任制改革

德国高校教师聘任制一直以清晰而漫长的职业路径而著称。在德国，教师晋升教授之路较为困难，教师取得博士学位后首先要获得助教资格，然后考取教授备选资格并获得编外讲师的身份，取得备选资格后还要经过一段教学、科研的实践并且有教授职位空出后才有机会被推荐为教授候选人，然后经过复杂的遴选程序才能获得教授职位。这一方面使得应聘的人数更多，另一方面应聘者需要经过更长时间才能获得应聘的资格，保证了对应聘者能够进行严格的遴选。但是，随着世界高等教育的迅猛发展，相较于其他国家，德国高校教师聘任制度的弊端越来越明显。首先是德国教师获得任教资格的道路过于漫长，年轻教师往往在 40 岁以上才能获得教授席位，这不利于吸引优秀的年轻人才。其次是教授的权力过大，制约了学术后备力量的发展。讲座制是德国的基层学术组织，大学教授主持讲座，拥有学术、财政、人事等权力，非教授的教师依附于教授开展工作，青年科研人员的独立性不够。再次就是过于稳定的终身教职也助长了平庸。所以，德国对于其聘任制也进行了一些改革。

（一）设置青年教授职位

为了解决这些突出问题，德国对教师聘任制度进行了改革，在高校中设立“青年教授职位”，作为教授备选资格考试的一种替代形式及申请终身教授的新途径。

2002 年，德国联邦教育部出台了《高等学校框架法》修订案，其中对“青年教授职位”的设定进行了较为明确的规定。青年教授职位按照一定的程序公开招聘，由同行专家对候选人进行评审鉴定。青年教授的聘任期限为 6 年，并分为两个阶段。在第一个 3 年后进行中期评估，合格者进入第二个 3 年，否则解除聘任。聘任期满后，优秀的青年教授职位获得者可以直接晋升为教授并且不用参加教授备选考试。并且，青年教师在 30 岁左右就能拥有了独立研究与教学的权力。“青年教授职位”制度以绩效为导向开展选拔和评估，完善了德国教师特别是青年教师的职业生涯发展路径。

（二）探索终身教职制

为了引进了更高效的激励机制来提高教育质量，德国于 2002 年修订了《高等教育纲领法》，并于 2007 年颁布并实施了《高校自治法》。从此，高校成为独立的公共法人，拥有了财政、人事、决策等大量权限，可以独立任命教授和聘用职员。政府对高校的管理逐步放权，改变了过去国家对高等教育管得太多、高校自主权偏少的现象。

2016 年，德国联邦和州科学联席会议（GWK）提出从 2017 年开始，分两轮实施“终身轨教授项目”。2017 年，联邦教育和科研部正式启动了“终身轨教授项目”。由此，德国高校也开始逐步突破传统聘任制的壁垒，着力推行有自己学校特点的教师聘任制改革。慕尼黑工业大学就在德国率先实行终身教职制，建立了适合教师生涯不同阶段的绩效评估标准，设计了与其相匹配的绩效管理体系。这标志着德国高校也开始参照美国模式对其教师聘任与评价制度进行改革和调整。

除此之外，为了提高大学活力和教授工作积极性，德国政府还改革了教师人事工资制度，建立绩效导向的工资体系。原先教授工资是由基本工资和家庭补贴组成的多等级工资制度，并按照工龄每两年晋升一档工资，与业绩无关。改革后，德国高等学校实施 W 级工资制度，青年教授适用 W1 级工资，大学和高等专科学校教授适用于 W2 级和 W3 级工资，各级工资分为基本工资和业绩工资两部分，取消了之前工作每两年自动提高一档工资的做法，并以教授所承担的任务、工作业绩评价情况来作为业绩工资发放的依据，从而建立起更加灵活、更有竞争力的新型工资体系。

德国从洪堡建立柏林大学起，就确立了学术自由、大学自治、教授治校的原则。德国现行的高校教师聘任制在其特定的历史传统、价值理念及文化环境等多种因素综合影响下形成的。教师在应聘、任教、培养及晋升等环节都有相应的法律作为保障。与其他国家相比，德国高校教师的职业路径十分清晰，聘任条件及标准、程序非常严格。“这个漫长而充满风险的学术职业发展道路，不但保障了学术人员的高素质，铸就了‘为科学献身’的科学精神，而且促进了大学的科学创新与专门化——因为只有站在研究的前沿，只有开辟新的学科和专业方向，青年人才才有更多的机会实现成为‘教席教授’的梦想。”①

教授在德国高校中处于关键地位，是学术的决策者和评价者，不仅待遇优厚，更是拥有充分的自主权，这有利于教授们做一些基础性的、具有长远意义的研究而不必受制于外界的各种影响。而为了杜绝“近亲繁殖”现象的发生，即使教授也不能在本校聘任。因此，德国高校教师聘任的公开性和竞争性也保证了教师队伍的质量和水平。

面对高等教育大众化的冲击和各方面的问责的压力，德国也对教师聘任制进行了改革。德国高校的人事制度是其传统的组成部分，对其否定也就意味着对传统的否定。因此，德国的教师聘任制改革采取的是一种渐进性的改革策略，这种改革是在不改变高校教师现有身份的前提下进行的，德国政府主要是从外部创造相应的开放条件及竞争的环境并探索相应的激励机制。这对我们选择教师聘任制的改革路径有很好的借鉴意义。

第三节　日本高校教师聘任制及改革

日本高等教育的规模大，体系发达，教育质量很高。日本的高等教育不同于欧美的模式，建立了二元的官学和私学办学主体及二层的帝国大学和专门学校学校类型的“二层二元结构”模式。日本的高等教育在国家的经济发展和科技进步中发挥着重要的杠杆作用，是提高国民素质和国家综合实力的源泉，特别是日本的高等教育为二战以来日本经济的腾飞起到了不可估量的推动作用。

日本的高等教育是政府参与的结果，由国家亲自办理，政府颁布各

① 贺国庆，于洪波，朱文富. 外国教育史［M］. 北京：高等教育出版社，2009年版.

种教育法令，如《学制》《教育令》《帝国大学令》《高等教育令》《专门学校令》等，这些法律的实施并不断修改完善，很好地规范了日本高等教育的发展，为日本高等教育的发展提供了坚强的法律保障。

一、日本高校教师聘任制概况

日本高校教师总体上分为教授、副教授、讲师、助教四类。日本在建立其高等教育体系时，一方面学习并模仿了德国的高校体制，另一方面又结合本国的历史文化传统。按照日本文部省在 1956 年 10 月颁布的《大学设置基准》的具体规定，根据教学需要建立学科并配备教员，根据教学和研究需要设置专门领域的讲座制，并配备教员。由专职教授和副教授担任主要学科的教师，讲座制由专职教授负责并配备相当数量的副教授、讲师和助教。日本高校教师的任职资格有着严格的制度规定，高校教师任职资格与学历、学位严格挂钩，应聘条件首先应具有相应学历，还要具备其他相应能力。无论国立、公立还是私立大学，教师晋升职务都要经过严格的审核。审核主要有三个方面：1. 学历学位条件；2. 任现职的年限；3. 相关业绩条件。

教授和副教授在日本高校中主要通过公开招聘录用。应聘教师必须满足学历条件、资历条件及很强的教育研究能力，还必须有突出的教育研究业绩，才能担任教授或副教授。同时，应聘者还要经过严格的筛选和激烈的竞争。日本高校中除了正式教师外，高校教师队伍还包含了大量的非正式教师。这些非正式教师通常被称为非常任讲师，该职务除讲师外，也可由教授、副教授担任。日本国立高校和公立高校的教师基本上都具有国家公务员或地方公务员的身份，薪酬待遇由国家或地方负担；私立高校的教师则不具备公务员身份，其薪酬由学校负担。

二、日本高校聘任制改革

在 20 世纪 90 年代中期以前，日本高校教师聘任制度的基本特征就是实施“终身雇佣制”。应聘者如果通过了相应的考核程序成为高校教师，就可以一直工作到退休，除非是由于教师个人意愿，学校不得擅自解聘教师。20 世纪中叶，日本政府陆续出台并颁布了《国家公务员法》《教育公务员特例法》及《地方公务员法》等法律法规，把高校教师纳入了公务员行列。国立高校教师为国家公务员，公立高校教师为地方公务员，这为教师享有各种权益提供了法律保障。

日本高校教师的“终身雇佣制”具有以下特点：“第一，职位终身性。高校教师在通过任用考核以后，一般可以工作到退休。学校不能单方面随意辞退、解聘教师；第二，‘年功序列’。日本企业内部所形成的‘年功序列’也在高校教师中得以体现。也就是说，根据高校教师的工龄来确定其工资及晋升。工龄越长，工资越高，且职务晋升的可能性就越大；第三，法律强制性。日本政府通过立法的形式来保障‘终身雇佣制’的实施，并以法律条文的形式规定了高校教师的身份和薪酬问题。”①

日本高校教师的“终身雇佣制”保障了教师的身份、薪酬，使高校教师可以安心投入教学、科研等工作中，而不必担心基本的生存问题。但是，“终身雇佣制”也造成了大学教师近亲繁殖、学阀政治等问题，影响到了大学教育和研究水平的提高。

（一）任期制

日本高校终身雇佣制的保守性、封闭性，高校之间及高校与社会之间缺乏必要的流动，所以各方要求对此进行改革，特别是采用保证助教、讲师等年轻教师能够流动和发挥才能的措施。

日本内阁在 1997 年 4 月向国会提交了“关于大学教师等任期的法律草案”，力图从制度上打破高校教师人事的封闭性，提出要通过流动来确保高校教师队伍的多样性，从而来改善高校的教育研究组织。日本国会在 1997 年 6 月通过了内阁提出的《关于大学教师等的任期的法律》，对实施高校教师任期制的目的、任期制的定义、国立及公立高校教师的任期、私立高校教师的任期、大学共同利用机构教师的适用等问题作出了全面规定。大学教师任期制在 1997 年 8 月 25 日正式开始实施，这也拉开了日本高校教师聘任制度改革的序幕。任期制有别于之前的终身雇佣制，教师与高校签订聘任合同，高校在规定的任期结束前组织相关的考核来确定受聘教师是否继续聘任。这是一种优胜劣汰的竞争机制，促进了日本高校教师教学、科研水平和能力的提升。

---

① 张文静，杨诗嘉．从“终身”走向“任期”：日本高校人事管理制度的思考[J]．国家教育行政学院学报，2017（10）．

日本高校实行的任职制具有高度的自主性、灵活性和科学性。按照《关于大学教师等的任期的法律》规定，是否采取教师任期制高校有决定权：国立大学和公立大学由校长或者教授开会决定，而私立大学的决定权在理事会。因此，法律只是为改革划定了一个方向，高校是否采取教师任期制，校内哪些单位及哪些岗位实行任期制，教师任期的长短等则完全由高校自主决定。日本参众两院在通过《关于大学教师等的任期的法律》时还附了相关的规定：高校在实施任期制时必须尊重教师身份并保证高校的自治和学术自由，政府在对高校的教育研究提供支持时，不得以是否引入任期制为条件干涉高校的自主办学。因此，日本比较注重高校自身的主体选择功能，在实施教师任期制的具体计划这方面具有自主权。

部分高校教师对任期制改革持保留态度。他们认为，大学教师任期制使教师身份失去法律保障，破坏了学术自由和大学自治的基础；大学教师任期制可能导致大学教师有意追求短、平、快项目，从而影响长期的、独创性的研究；为了应付将来的再任评审，大学教师可能将时间、精力主要用于出成果、出论文上，从而影响教育、教学工作；在再任评审时，因为评价标准难以界定，很可能掺进许多主观判断，甚至产生资深教授独断的局面；最后，大学教师任期制可能导致大学教师的心理恐慌。

日本还放宽了对教师兼职、兼业的限制，高校教师可以将自己的科技成果进行转化，从而实现产业与教育的协作；也可以通过自己的能力开展校外兼职、兼业，从而以多种形式贡献社会。

虽然日本高校任期制改革在不断推进，但许多高校仅在青年教师中实施任期制，这不仅没有从整体上推动日本高校教师队伍的流动，反而导致了大量青年教师陷入职业发展路径不明、身份不稳等的困境。这影响了青年学者的学术热情，也影响了青年博士的职业选择。为了克服这些不利影响，为青年学者创造稳定的工作岗位和良好的研究环境，日本高校也正在引入流动性与稳定性兼顾的终身教职制。

（二）开展教师业绩评价

为了公正科学全面地评价教师，日本高校逐步建立起了教师业绩评价制度。在实行任期制之前，教师的职务晋升和工资待遇主要根据职位空缺情况和年贡献率。业绩评价对教师实际利益往往没有关键性的影响，因而对于教师学术活动的激励作用逐渐被淡化。任期制实施后，各高校对教师的业绩评价越来越重视。日本高校对教师工作业绩的评价主要坚持公开、多角度和多方满意等原则：一是评价标准、评价程序和评价结果等信息进行校内外公开；二是评价过程的多层次、多角度及全面性，评价内容包含了教育活动评估、科研活动评估、社会贡献及学校管理等内容，评价的范围涵盖了教师自我评价、同事评价、单位领导评价等多个方面；三是高校和被评价教师进行充分沟通，对评价高校建立了完善的教师申诉处理机制。

日本高校的教师业绩评价制度是想通过业绩评价来激发教师的创造性与主动性，从而增强教师的学术活力，增加教师的学术产出。日本高校教师业绩评价制度在理念上侧重于使高校教师进行自我评价，从而促进教师不断提高自身研究能力。教师业绩评价的结果一方面是岗位晋升、待遇发放的依据，另一方面更是日本高校为了及时了解教师的教学、科研等学术动态，从而为教师们提供相应的建议和帮助。同时，日本高校在实施业绩评价的过程中非常重视教师的参与，教师不仅仅只是受评的对象，更是主体，教师可以对相关评价内容有不同意见并提出建议。教师如果对考核结果有异议，可以提出再审诉求，从而充分保障教师的权益。日本高校还通过第三方评价机构在学校自我评价的基础上进行监督和审查，加强学术评价的客观性和透明度。这些专业化的外部学术评价组织既能够尽可能地避免教师夸大成就，也能避免管理层对学术评价结果的干涉。

伴随着社会发展环境及行政改革的推进，为了不断适应高等教育发展的需要，日本高校教师的聘任制改革也在不断推进。从终身雇佣制到任期制，再到终身教职制及教师业绩评价制，日本高校的聘任制也在不断改革。这都是为了“通过建立规范而公正的教师任用程序、公平的教师工作业绩评价系统、合理的教师薪酬制度，以及将教师任用与工作业绩挂钩等措施来增强大学教师群体的心理公平感，激发他们的工作积极性，增进大学的效率”①。日本有许多高校能够跻身世界大学排行榜的前列，教师聘任制改革取得的成效有目共睹。同时，“针对流动竞争型雇佣模式，教师群体文化认知的不足、绩效评估的操作难度、对于未来学术研究发展可能存在的隐忧等问题，都在不同程度上预示了进一步完善制

---

① 傅凰. 日本大学的教师任用制度探析 [J]. 黑龙江高教研究，2009 (5).

度设计，构建与日本大学组织治理和劳资关系相契合的人事管理制度的必要性”①。

日本高校在推进教师业绩评价制度时采取了谨慎的态度，这主要是为了避免因导入竞争机制而带来的负面影响，从而确保教师既处于竞争环境，同时又能保障教师的学术自由和合法权益。日本高校“教授治校”特色明显，教授委员会作为高校里最重要的学术和管理组织，决定着高校教师的聘任、评价和退出等。“教授治校”避免了行政上的干预，保障了日本高校教师评价的科学性和教师的学术自由。日本高校还为教师提供了丰厚的薪资报酬及覆盖面广、多元化的富有成效的教师发展激励制度来稳定骨干教师队伍。

综上所述，终身教职制度在发达国家占据着主流的位置。随着世界社会经济的不断发展，面对来自各方面的改革压力，各国高校教师聘任制的改革也在不断探索中发展。如何动态均衡学术自由和绩效责任之间的关系？如何将终身教职的保护作用和激励作用统一起来，不至于有了保护作用而失去了激励作用？

谋求增强聘任关系的灵活性和多样性的努力正为越来越多的人所认同，教学和研究职位的聘任方式越来越多样化。世界各国教师聘任变化的两个主要趋势就是：兼职人员的增加和专职的、有固定的任职时限的非终身职位的扩大或设立。很多国家的高等学校及其制度和学术职业或多或少地正在朝着“美国化”的方向演变。美国式的问责方式，包括课程学分制、学术等级结构、以绩效为依据的工资、周期性的学术生产力评估等，常常被纳入其他国家学术聘用改革方案。通过以上国家的改革实践我们发现，为高校教师提供充分的职业安全保障，与强调竞争、效率并不完全矛盾。

第四节　国外高校教师聘任制的经验及启示

高校教师聘任制与一个国家的历史传统、文化背景、社会制度等息息相关，正是由于各国有着不同的历史传统、文化背景、社会制度及相

① 鲍威，姚锦祥，闵维方．法人化改革后日本国立大学教师人事管理制度的变革：从稳定保障型向流动竞争型的过渡［J］．清华大学教育研究，2020（2）．

关高等教育管理体制，高校教师聘任制标准、模式也各不相同。美国高校教师聘任制体现了美国社会提倡竞争、自由、流动的价值观念；德国高校教师聘任制则与自中世纪以来形成的大学自治和学术自由一脉相承；日本高校教师聘任制则与整个社会提倡稳定的主流价值趋于一致。美国高校教师的聘任制与试用制、契约制、终身制并行，对高级职务者没有任期规定，而对低级职务者规定有聘任期；德国高校教师除了教授，其他都有任期规定；日本高校教师的聘任制曾经为终身制，已逐渐转变为以教授、副教授、讲师、助教为对象、由各大学自主决定的选择性任期制，各国高校教师聘任制各具特色。

面对高等教育大众化的冲击、社会各方面的问责压力及“新公共管理主义”的蔓延等各种压力，各国高校教师的聘任制也在进行改革。国外高校教师聘任制重在保护学术自由，为教师提供职业安全，并给予教师充分支持，使他们自由探索。他们确立了教师在聘任制中的主导地位，围绕着调动教师的主动性、积极性和创造性开展其他活动，并把保护教师的自由、发展作为一种理念，其精神实质与马克思主义人本思想是一致的，值得我们学习与借鉴。

一、完备的法律维护教师的权利

自从人类文明出现以后，法律也开始随之出现，她是我们每一个人在社会群体中可以正常生存的保障。完备的法律可以保障公民的各项权益。法律本身代表着积极向上和公正的价值观，有利于每个人的发展。

在发达国家，法制化是高校改革的前提条件。美国重视法制建设，各类法律法规多如牛毛，社会的方方面面强调司法和法律的重要作用。美国注重通过立法保障教育的有序运转和教师的合法权益，其法制系统对高校教师聘任保持着适度的介入和干预，确保教师聘任过程的合法性，从而保障教师的权益。日本也非常重视高校人事制度的法制化建设，从高校教师聘任形式，到教师待遇，均做到了有法可依、有章可循。在1949年出台的《教育公务员特例法》中，规定教师身份为公务员，为教师享有相关权益提供了法律的保障。为了推进高校教师任期制改革，日本在1997年制定并出台了《关于大学教师等的任期的法律》，并附带了一项决议规定，即教师任期制的实施要尊重高校教师的身份，要保证大学自治和学术自由，同时，也不得以是否引入任期制为条件干涉大学的自主办学。

德国在高等教育发展的几个重要时期，也都是通过立法、修改原有法案以及发布有关高等教育政策的报告等，对高校相关改革进行宏观管理。从1969年开始，德国颁布了《高等院校基本建设促进法》《高等教育总法》《联邦学习促进法》等与高等教育有关的教育政策方面的重要法律。1976年出台的《高等学校总纲法》规定了德国教授聘任的原则，为了促进新生力量的成长，德国通过修订该法，调整中级学术人员结构，为年轻学者增加受聘机会；引入“青年教授职位”这一新的人事类型。每个州也根据各自的情况颁布相应的高等教育法，对不同的组织及委员会在教授聘任制的运行机制、教授的任期等方面做出了具体规定。为了推进高校教师薪酬体制改革，德国在2002年出台了《教授薪酬改革法》，改变了过去的教授工资类型及等级，将教授工资划分为基本工资、绩效工资两部分，还将C类型工资改造为W类型工资，包括W1、W2、W3教授。

高校人事制度改革涉及面广，并且高校类型及内部人员多，牵一发而动全身。因此，需要国家从立法和制度层面上给予保障和鼓励。发达国家通过建立较为完备的人事法律法规，明确规定国家、高校、教师的相应权利、责任和义务，从而有效地用法律的形式保障各方的利益，使各项工作有法可依、有章可循。

二、科学的制度保障教师的利益

制度影响、制约着人们的活动，为人们的活动提供了规则、标准，同时也为人们提供了从事活动的空间。人们在制度规定的空间内活动，各项权利可以得到相应的保障。

1. 公开的招聘程序

在教师职位（岗位）空缺时，国外高校的教师岗位基本都向社会实施公开招聘，世界一流高校则面向世界各国开展招聘活动。招聘公告对岗位的条件、薪酬待遇、相关程序等都一并向社会公开。高校基本上都要从教师的学术道德、职业精神、学历层次、学术经历、学术水平、发展潜力等方面进行综合考察，职位越高条件要求也就越高。如有些高校在聘任讲座教授时，学术上要求达到国际领先水平，获得过国际奖项等。许多高校为了防止学术上的“近亲繁殖”，严格规定不从本校招聘应届毕业生。在美国高校，原则上不招本校毕业的博士生，他们要在其他学校工作一段时间以后，才具备被本校聘任的资格。而在德国，即使是教授也不能在本校中聘任。这有利于为学术发展营造良好的生态环境，同时也降低了因“近亲繁殖”引发教师聘任不公正现象发生的概率。

国外高校还建立了一套公开、透明与民主的教师聘任体系并严格执行。招聘程序一般是先成立聘任委员会；然后根据工作需要确定招聘条件，面向海内外发布招聘公告；院系聘任委员会对候选人招聘材料进行初评，形成拟招聘人员名单；同行评审；对候选人进行面试和评审；学校进行批准；发放录用通知书，列明拟聘职位、薪酬福利和工作条件等事项。

2. 严格的评价机制

国外高校对教师的评价和考核有明确的标准和内容，一般涵盖了工作业绩、工作能力、工作态度等方面。在考察教学、科研、社会服务不同维度的表现时，考核指标具体但不单一。例如，在评价科研业绩时，既注重论文的数量、科研项目、经费、专著出版、专利发明等量化指标，也会参照使用社会影响力、学术创造性、研究连续性等质性描述指标。考核方式多样，注重多主体评价，有自我评价、他人评议（学生评价、同行专家评价等）、学校各级评审等。教师本人、学生、基层教学科研单位负责人、校内外同行专家及评价委员会共同参与评价，从不同角度和立场分别开展有侧重性的评价，评价结果相互补充、印证，从而避免了单一评价主体的偏颇或偏见等不科学现象。

国外高校还把考核结果与教师的奖惩升降等紧密结合，从而优胜劣汰，提高学术水平。美国的终身制拥有世界上最严格的评价和考核程序，确保不把终身教职授予不称职的人。它设定了严格的授予标准，审定过程全面、公正，建立在对初级教员的严格考核基础之上。六年任期非升即走的评价过程对每一个申请终身教职的教师进行慎重的评审，考虑学术潜力、教学水平以及为教育机构做贡献的决心。欧洲国家聘用高级职位教师时都要经过十分严格的个案审核，如德国高级教师的聘用必须经过国家遴选。日本高校教师录用与升迁的选考等要经过教授会根据评议会制定的基准来进行，然后报校长认可。

三、人性化的环境促进教师的发展

1. 倡导学术自由

大学作为教育和学术机构，教师权益是第一位的，而教师权益中学术自由又是第一位的。德国柏林洪堡大学的创始者、著名的教育改革者洪堡一方面强调国家要负起举办高等教育的责任，另一方面又强调大学要坚持学术独立和自由。美国大学教授协会（AAUP）就是教授们为保障言论自由不受侵害而自发成立起来的。在一个多世纪的发展中，美国大学教授协会为保障高校教师的学术自由和维护终身教职进行了不懈的努力。耶鲁大学前校长布鲁斯特（Kingman Brewster）曾指出，只有在学校拥有全部的自治权力、每个教授和学者皆有研究自由的条件下，整个社会才会有完全的自由与平等，而这也正是耶鲁的真正完整精神之所在。这种精神背后包含着大学及其教授对于社会自由、公正和开放所承担的责任感和使命感。

2. 促进教师发展

教师是高校发展的根本，高校教师管理的最终目标应该是通过促进教师的专业发展从而实现高校组织的发展。美国高校采取人性化举措，把教师的身心健康、生活愉悦等因素都纳入教师发展的范畴，非常注重对教师生活世界的塑造。这种平衡工作和生活的弹性管理制度正体现了马克思主义人本的思想。

同时，国外高校还注重绩效的过程管理与结果反馈相结合，通过绩效面谈与教师一起找出绩效评估不理想的原因，并帮助其改善绩效，进行职业发展规划，促进教师提高教学质量、教学能力和科研水平，这也有利于促进教师参与绩效管理的积极性。美国高校一般由系主任与教师沟通最终考核结果，讨论不足及改进方法并提出下一年度工作计划和安排。德国高校就将绩效管理作为推动教师专业发展的有效途径，发挥其发展性评价的作用，关注教师的个人发展，通过及时反馈来帮助教师不断提高，从而达到自我提升的目的，充分体现了德国高校以人为本、人校合一、人校共同发展的理念。日本还采取了教师发展激励制度，通过采取多样化、制度化的校外培训、校内培训和教师自我培训，提高高校教师的教学实践能力、科研能力、教学技能等。

3. 提供优厚待遇

教师的薪酬待遇是决定教师队伍整体素质、水平的首要因素之一。教师的薪酬是高校对教师工作的物质肯定，薪酬水平既是高校吸引和稳定人才、调动教师的积极性，推动学术发展的重要途径，又直接影响着教师的职业满意度、学术产出和科研合作。教师在生活上没有了后顾之忧，才能全身心地投入教学、科研工作；有了充分的物质保障，高校教师才能在精神上享受自由，才能潜心治学，探索未知。国外高校为教师不仅提供了充足的教学和研究设施及条件，还为教师提供了丰厚的工资待遇和福利。洪堡在创办柏林大学时首先考虑的是师资问题。尽管当时办学的物资条件十分拮据，他依然坚持为那些到柏林大学任教的教授提供相对优厚的待遇，以确保他们能在没有经济烦恼的前提下专注于增进知识。

国外许多高校对教师普遍实行高工资政策，以优厚的待遇来充分调动大家的积极性，并且还实行定期提薪制度，通常在严格的考核评价基础上进行定期提薪。美国高校尤其是一流高校，为教师们提供多样化可选择的福利计划。德国的高校教师属于公务员管理系列，无须缴纳失业保险金和医疗保险，享受优厚的工资待遇，教授还享受聘任或延聘的特殊津贴。日本高校教师在法律和制度的保障下，长期保持了较高的薪酬待遇水平。即便在近年人事管理制度改革背景下，日本高校教师的薪酬待遇水平依然稳居不同职业收入排行榜前列。2017 年厚生劳动省对日本 129 项职业的薪酬统计显示，大学教授的平均年收入总额达 1 051.3 万日元（平均月薪 64.5 万，平均奖金 277.9 万），仅低于医生和飞行员，位列职业收入排行榜第 3 位。不仅如此，大学副教授和讲师的平均年收入为 861.8 万日元和 708.4 万日元，分别高居职业收入排行榜的第 6 位和第 10 位。

4. 稳定的职业发展环境

国外高校在聘任教师时，双方都要签订合同。在任职期限方面，一般低级职务为定期制，高级职务大多为终身制，只有在终身制教授调离、退休的情况下才能增补新的高级岗位。“保护学术自由、促进学术发展是终身教职制度的原始动机和终极目标……为终身教授提供职业安全，为的是使他们能够无所畏惧地去实现学术自由，由终身教授选聘优秀人才，为的是让最有资格的人，即富有学术热情和真才实学的学者型教师去享受和维护学术自由……将教师聘用、教学和研究、学位标准等学术事务置于学者的控制之下，为的还是保护学术自由，促进学术发展……终身教职制度旨在吸引一流人才，给予充分支持，使之自由探索，促进学术发展。”①

美国高校教师有集体谈判签订合同制，一旦达成了集体谈判协议，教师就可以签订合同书并保证遵守谈判代理人与大学协商后达成的协议。一旦发生争端，通常按照事先所签订的合同进行处理，除非合同内容与现有法律相抵触。当法律法规对行为的界定不明确或者合同或协议内容含糊不清时，有时可以援引所谓的学术惯例或习惯。

国外高校教师聘任制着眼于维护教师权利、保障教师利益并且促进教师发展，肯定人的价值和尊严、尊重人的自主性并充分满足人性发展的需要，充分保障学术自由。这种注重人的发展的思想与马克思主义人本思想遥相呼应，其精神实质也是一致的。这两种思想构成了一个统一的、相互补充和相互依赖的关于人的发展理论。

① 顾建民．自由与责任：西方大学终身教职制度研究［M］．杭州：浙江教育出版社，2007年版．

第五章　基于马克思主义人本思想的高校教师聘任制改革构想

制度建设是高校建设的保障，也是高校管理的基础。规章制度对支持教师成长，促进学校发展，保证教育方针的全面贯彻和培养目标的最终实现，具有重要意义。教师是高校发展的核心与关键，对于高校而言，其人才培养、科学研究、社会服务、文化传承创新和国际交流合作的成效都取决于是否拥有一支高素质的教师队伍。通过有效的制度设计从而汇聚各类人才，把他们的主体精神发挥出来，激发他们的积极性和创造性，从而在教学、科研中发挥最大作用，是当前高校人事制度改革的关键。

马克思主义人本思想确立了以人为根本，坚持主体性，坚持人的权利本位，坚持人的自由而全面发展。并且，马克思主义人本思想根植于社会关系之中，不是脱离社会的、抽象的、虚无的人本思想，而是要进入到人的现实社会关系中，使人在种种现实社会关系中找到自我、体现自我、实现自我的指导思想。“这意味着制度的设计、安排和运行以现实的人为中心，是制度为人而存在，而不是人为制度而存在。人是目的，制度要肯定人的价值，维护人的尊严，充分肯定、满足和发展个人正当合理的利益。制度要尊重、保护和促进人的权利，包括人的生存权、自由权、平等权、财产权等。其中，自由是首要的最基本的权利，包括人的思想自由、信仰自由、经济自由、政治自由等。”① 因此，马克思主义人本思想下的高校教师聘任制改革就要着眼于明确教师的主体地位，唤

① 韩昌跃. 论马克思主义人本发展观：当代中国人的发展研究系列 [J]. 理论月刊，2012 (4).

醒教师的主体意识，弘扬教师的主体精神，发挥教师的主体作用，创设既有利于组织目标又有利于教师自由而全面发展的制度环境。

第一节　高校教师聘任制度设计的总体思路

制度约束行为，而制度背后所蕴含的理念则是根本的遵循。高校教师聘任制的理念是指导聘任活动的基本思想。马克思主义人本思想指导下的高校教师聘任制改革就是要建立和完善一个能够促进人的自由发展，激发教师的积极性和创造性并推动学术发展的“活”的制度。制度“应给人的积极性、主动性、创造性以充分的空间，应能充分发挥人的潜能，激发人创造的活力，使人在教育实践中充分展现自己的本质，促进教育不断向前发展，并向着有利于人的全面而自由的方向发展”①。

一、追求效率与以人为本相结合

（一）追求效率

作为一项管理制度，有无效率及效率的高低是评价聘任制存在的基础，也是评价聘任制优劣的标准之一。聘任制的效率是指通过相关机制的合理设计有效配置学术资源，吸纳和维持高水平的教师队伍，并能持续激发高校教师从事教学科研等学术工作的积极性与创造性，从而最大化地实现高校学术资源的利用效率。效率的价值取向客观上要求聘任制坚持竞争原则和流动原则。

随着经济发展和社会进步，大学已经逐渐成为国家经济和社会发展的重要引擎。许多国家也把发展高等教育作为提升国家竞争力的战略决策之一，逐步对高等教育提出了更多的效率和绩效要求，并将这种要求与经费资助和政策支持相联系。因为办学资源总是非常有限的，现代大学制度只有追求效率，提高社会资源利用率和社会经济效益，最大限度地“产出”人才产品和科技文化产品，才能在竞争与发展中开拓生存空间，增强生命力，赢得更有利的发展机遇。因此，讲求绩效逐步成为高

① 李江源，敬仕勇，沈成明. 走向自由：教育制度与人的全面发展［M］. 成都：四川教育出版社，2011 年版.

等教育管理所应实现的目标之一。

随着新公共管理理论的兴起，越来越强调高校要关注社会需求并提高绩效产出。由此，高校也不得不把外界的绩效压力传导到教师这一最重要的人力资源身上，从而提高教师队伍的总体效率。

首先是建设高质量的高等教育体系的需要。一个国家的教育水平决定着该国的国际竞争力和世界上的地位，而综合国力的竞争，集中表现为管理和科学技术的竞争，其实质是人才的竞争。2018 年 9 月召开的全国教育大会也提出，教育是民族振兴、社会进步的重要基石，对提高人民综合素质、促进人的全面发展、增强中华民族创新创造活力、实现中华民族伟大复兴具有决定性意义，并强调教育是“国之大计、党之大计”。教育改革是否成功，将对我国未来的国际竞争力起着决定作用。而教师聘任制改革能吸引优秀人才从事教育，提升教师社会地位，充分激发教育事业发展生机活力，有利于我国教育事业的发展，有利于提高人才的国际竞争力和综合国力，从而实现社会经济发展的长远目标。

其次是提升学科建设和学校发展水平的需要。当前，经济全球化、高等教育大众化深入推进，高等教育的竞争日趋激烈，高校也面临着日益严峻的挑战，在这样的大背景下，高校不断提升自身办学水平就成为学校生存和发展的唯一途径。而教师队伍对学校的办学水平起到了决定性的作用，对高校的长远发展更是具有重要的意义。建设一支高素质、高质量、高水平的教师队伍，已成为每个高校的共识和目标。从现实来看，我国之前的教师任用制度存在很多不足，制约了高校的教师队伍建设，也妨碍了高校办学水平的进一步提高。所以，从本质上来说，提高高校的办学水平就是当前推进高校教师聘任制改革的根本目标。

教育部、财政部、国家发展改革委联合印发的《统筹推进世界一流大学和一流学科建设实施办法（暂行）》就明确指出：一流学科建设高校，应具有居于国内前列或国际前沿的高水平学科，对服务国家战略需求、经济社会发展具有重大作用，这都离不开高水平的教师队伍。因此，许多高校都把加强教师队伍建设作为了学校改革和发展的重要战略任务。

（二）以人为本

在强调高校教师聘任制度效率导向的同时，我们也应当认识到，效率虽然是一条重要标准，但是不应当成为唯一的根本性的衡量维度。因为高校教师聘任制不仅仅是一般意义上的管理制度，更是一项学术管理制度，有学术工作的特殊性和公益性。大学教师聘任制的首要价值是平等与效率，而以人为本与学术自由也是大学教师聘任制的价值追求。这就要构建有利于人的自由全面发展的制度，制度要坚持以人为本的价值原则，以促进人的自由全面发展为价值导向。

首先，要保证聘任主体，也即高校和教师尤其是教师订立聘任合同时法律地位的平等。聘任制改革前，人事任用制度为任命制，教师身份也是国家的工作人员，国家通过行政方式安排教师担任的职务，相关的录用、调动以及职位确定统一在干部人事计划内，所有的环节都要通过行政审批。因此，当时的高校教师和学校是一种行政上的隶属关系，不是平等主体关系，教师没有和学校进行“平等对话”的权利。实行聘任制改革后，在法律上，高校和教师在聘任关系中是平等的。但是，由于历史和现实的原因，当前高校教师仍处于相对弱势地位。

因此，在高校与教师地位存在事实上的不对等的情况下，强调平等的价值有特别重要的意义。由于公立高校是一个拥有国家授权的法人组织，有公权支持，较教师而言是强势的一方，因此，在聘任中不强调平等往往会导致权力的滥用，高校教师聘任制度有可能成为校方“制裁”教师的利器，严重损害教师的合法权益。

其次，要保证教师聘任制度的公正、公平。这主要是指在同等环境中所有对象均获得同等对待，如获得准确而充分的信息、同等的机会及接受相同的约束等。一是要公开，包括职位、条件、程序和结果的公开，所有符合条件的候选人均有机会和权利参与竞争。二是一致性，即规则对所有候选人都一视同仁。再就是程序的公平公正。公正公平不仅关系到教师队伍的整体质量和学术水平，还能最大限度地发挥其激励效能。

最后，还要保障学术自由。学术自由这个术语是用以表示教师所享有的从事教学和研究而免受不恰当的干预和来自校内外的威胁的权利。这个术语也用来表示学术机构所拥有的自由运作，而不受外部势力威胁与恐吓的权利。学术自由的基本原则是保证教师从事教学、开展研究以及不受限制地进行学术交流。

二、竞争择优与职业保障相结合

聘任制改革一方面要强化竞争激励机制，另一方面也要建立符合高校办学规律和人才成长规律的新机制，为各类人才发展创造良好的条件和环境。

（一）竞争择优

首先，要有竞争机制。高校教师聘任制改革就是要突破传统体制，引入竞争机制，从而实现人力资源的优化和有效利用。竞争为教师带来了创造知识的激励，因为越优秀的教师就越能得到好的待遇和高的职位；竞争引起人才流动，而人才流动会激发每位教师的创造力。实行聘任制的主要目的就在于充分调动教师主动性、积极性和创造性。聘任制前，教师的工作由学校、学院统一安排，岗位工作成效与待遇没有直接对应关系。聘任制实施后，择优竞争，从而激发了教师的工作热情，教师的主动性、积极性和创造性都得到了极大调动和发挥。竞争能够使人振奋精神，奋发进取，尤其是在竞争下，人们的自尊需要和自我实现的需要更为强烈。因此，竞争可以帮助人们人尽其才并能满足自尊及自我实现的需要。

国外许多一流高校建立了高标准的准入和考核机制，不仅进入高校需要良好的教学科研资历，在履行聘用任务时实行“非升即走”政策。当前我国高校教师在各个领域和部门之间的流动相对较少，高校教师之间缺乏足够竞争。因此，要将单位人变为社会人，使人员在社会中能够实现自由流动。要建立和完善教师辞职、辞退等制度，为教师的合理流动提供支持。同时，也要进一步引导和规范高校人才合理有序流动，制止高校和教师之间的恶性竞争。

其次，要对教师进行合理激励。高校教师聘任制作为高校一项重要的制度，贯穿了高校教师激励机制的全过程，是激励机制建立和实施中最重要的部分，对激励教师投入教学、科研及人才培养等方面有着重要的作用。激励机制应强化教师的内在激励，从“要求教师实现价值”到“教师实现自我价值”的转变。

要让激励真正作用于教师，就应从教师的工作特点和发展需要出发，充分发挥其主观能动性。教师在选择进入高校工作时，更重要的是看重高校的工作平台、工作条件、学术氛围，收入、住房等物质条件反而是其次的。因此，相对于工资和福利待遇，学校更应该在保障教师工作环境、学术氛围和发展前途上更加着力。如终身教职对教师不仅有保护作用，也有激励作用。对于年轻教师，可以激励他们多出学术成果，证明自己的学术水平，争取获得终身教职；对于终身教职教师，能够激励他们献身学术，潜心钻研。

因此，聘任制度的激励应做到如下两个方面。

（1）内激励和外激励相结合。内激励是基础、是先导，外激励是保障、是条件，二者相互促进实现激励的整体功能。在高校教师聘任制度中，一方面要解决好薪酬待遇、住房等外激励，另一方面更要通过内激励提高教师的自主性和主观能动性，最大限度地调动教师的积极性。

（2）正激励和负激励相结合。正激励是通过正面鼓励振奋人的精神，使之保持较高的工作积极性和主动性；负激励则是通过负面的惩罚举措抑制不良行为，起警诫作用。负激励是正激励的有效补充。高校教师聘任制度应采取正激励为主、负激励为辅的激励方式。只有做到能者上庸者下、奖优罚劣、才能起到相应的激励作用。

高校教师聘任制是针对传统的高校教师任用制度所产生的“低效率、高成本、低激励”的弊端而设计的，作为一项人事管理制度，它既赋予聘任双方权利也强调了聘任双方的义务，并通过一些激励性的合同条款来提升岗位管理的绩效。从学校的层面来说，高校能够录用、奖惩、淘汰教师；从教师的层面来说，法律赋予了受聘的教师选择和离开学校的权利。不同的岗位待遇不同，因而教师聘任制蕴含着竞争的机制，鼓励教师适度竞争，促进人才合理流动，这也有利于高校优化人力资源配置。当前，我国许多高校在聘任制的基础上，进一步实施了多元化的激励手段，从事业激励、物质激励和精神激励等多个方面，不断提高学校发展目标与教师个人发展目标的契合性，极大地调动了教师的主动性、积极性和创造性。因而，推进高校教师聘任制改革，应该坚守竞争择优的原则，达到人力资源的优化配置，最大限度调动教师的积极性，积极营造有利于优秀人才脱颖而出和人尽其才的制度环境，从而促进高校的内涵式发展。

（二）职业保障

首先，要保持高校教师岗位的稳定性。高校教师有其学术职业特征和规律，教学科研价值难以进行精确计量和评估，学术成效预测困难且具有长效性和滞后性等。这意味着在一定范围内和程度上保持教师岗位的稳定性具有必要的价值和意义："稳定感——他们不用担忧其工作的经常不断地变化；安全感——他们无须担心来自校外的各种非难；持续感——他们不必担心自己的工作和生活结构会遭到严重破坏；公平感——他们不必怀疑别人受到的对待比自己的更好。"① 学校应该为通过一定试用期考核的教师提供稳定性的职位，如终身教职制——除特殊情况，高校教师拥有任教至退休的权利。终身教职制度具有保护学术自由、提供职业安全、选聘优秀人才和培育组织文化的综合优势和比较优势，其精神实质是吸引一流人才，给予充分支持，使之自由探索。在西方大学中，终身教职还是一种象征，标示了教师的资历、水准和地位。

职位上的稳定和经济上的保障有助于教师免受外部打扰，从而为自由探索真理、潜心研究、揭示新知识并展示学术研究成果提供自由空间。作为一种古老的学术管理理念，学术自由是高校教师聘任制必须坚持的价值。因此，对于那些经过严格学术遴选、确有学术潜力且自愿献身于学术的学者来说，为他们提供终身职位是绝对必要的。

其次，还要保障高校教师权益。"保护劳动者合法权益"是宪法精神的体现。教师作为个体劳动者，与学校组织相比，在享有信息、法律知识等方面明显处于劣势地位，而改革过程中的一些配套制度又不健全，学校从用人方利益出发侵犯教师的合法权益的现象时有发生。进行聘任制制度设计，就应该从学校与教师平等地受法律保护的原则出发，对教师享有的各项权利制定统一的、明确的标准，从而使教师不因民族、性别、宗教信仰和出生地区如何，也不论是"双一流"建设高校还是普通高校，都平等地享有各项权利而不受歧视。聘任制度应该使教师的学术自由、个人权益和学术业绩能够得到公平认可。规范的高校教师聘任制度是保障教师权益的基础。要从根本上明确教师聘任、考核、晋

① 科尔. 大学的功用［M］. 陈学飞，等译. 南昌：江西教育出版社，1993 年版.

升、解聘的标准和程序，将教师合法权益写入大学章程、教师手册和其他规章制度，明确教师的相关权利，提高教师工作的安全感、稳定性和公平性。

因此，高校教师聘任制改革首先是要通过引入竞争和扩大范围来搜寻最具才华和创造潜力的候选人，并将学术平庸者排除在外，从而提升高校教师的整体学术水平；招聘到优秀的教师后，应通过公正公平的评价来激发他们的学术创新能力，从而提升学校的整体学术水平；还要通过合适的制度如终身教职制度为高校教师提供宽松的学术环境，保证学术自由。

三、严格履职与促进发展相结合

（一）严格履职

马克思说："没有无义务的权利，也没有无权利的义务。"[①] 社会成员都平等地享有权利，同时履行应尽的义务。教师享有高校提供的各类条件、待遇，也应履行相应的职责。

首先要以合同来规范聘任双方的关系。聘任合同是高校和教师依据法律法规，按照平等自愿、协商一致的原则确立聘任关系，明确双方责任、权利和义务的规范性文本。它一经签订，就具有法律效力，当事人之间就发生了权利和义务的法律关系。合同规定了双方的责权利及有效期限，用人单位有聘用和解聘的权利，个人有应聘和辞聘的权利，合同期满，经双方同意，可以续聘。合同确立后，具有法律效力，教师要去认真完成合同规定的岗位职责和任务。

其次要推动教师按照合同进行履职尽责。高校和教师双方在平等协商基础上签订的聘任合同具有绝对的法律效力，对双方均有约束力。教师在聘期内应严格按照合同要求履行岗位职责，完成岗位任务，并接受学校考核评估及管理。教师在聘期内应达到合同约定的目标和应当完成的岗位任务，合同期满时，学校有权按照合同要求对教师的工作进行评价考核，并将考评结果作为是否继续聘任的决定性因素之一。

① 马克思恩格斯全集（第十六卷）[M]. 北京：人民出版社，1964 年版.

（二）促进发展

马克思主义人本思想认为，人是社会的主体，社会是个人活动借以实现的关系形式。人的发展是社会发展的根本目的，同时，社会的发展是人的发展的条件性因素。马克思对社会的考察，就是以人的发展为标准，同时也把人的解放和个性自由发展作为社会发展的终极追求。因此，在马克思主义看来，社会的发展史就是人的发展史，人的发展史归根到底就是个体发展的历史。每个人能力全面而充分的发展对生产力发展和社会建设具有重要意义。当前高校较为普遍地存在着重高校目标实现、轻教师发展的现象。高校为了响应国家和社会需求，制定了相应的相关战略目标，教师管理的相关制度主要反映了高校战略目标实现的要求。这种组织目标优先的思想就导致了高校对教师的考核评价只注重高校目标的实现，忽视或轻视了教师的发展。为此，高校应树立“以教师为中心”的核心理念，以实际行动满足教师的发展需要，关心教师的成长。

此外，还要发挥好聘任过程中考核评价的导向作用，为教师发挥作用、施展才华提供更加广阔的舞台，让作出突出贡献的教师有成就感、获得感。这就需要采用发展性评价方法。发展性评价充分尊重学术活动的复杂性和创造性，注重教师的潜力和今后可能的进步，通过促进教师的专业进步，来提高教师的学术产出，从而增强大学的学术创造力。这样就能够把“为高校”和“为教师”这两个方面统一起来。如电子科技大学加强人才队伍建设整体谋划，坚持“大人才观”，以创新能力、质量、实效、贡献作为衡量人才发展的主要标准，畅通各类人才上升渠道。一是开辟引才“绿色通道”，破除紧缺人才进校壁垒。聚焦中央关心、社会关注、人民关切的热点问题，不设上限引进战略科学家、领军人才、青年英才和创新团队。采用“随到-随评-随聘”制，打破固定招聘周期，实现“高精尖缺”人才引进定时办结，评审、聘任、签约全流程不超过一周。二是完善人才岗位体系，激发人才成长内生动力。遵循教师职业生涯发展规律，尊重教师本人发展意愿，根据不同类别人才的个人专长设置差异化的岗位序列。对于教育教学型人才，设置本科教学关键岗位、思想政治教育特聘岗位，引导人才钻研教材、设计教法、推动教改，提升育人本领。对于专业技术型人才，设置关键核心技术特色岗位（T岗），引导人才突破“卡脖子”技术，填补国内技术空白。对于聘任至以上专门岗位的教师，参照高层次人才支持方式进行管理，打破人才成长“天花板”。三是探索预聘长聘机制，实现教师队伍良性循环。建好教师进出“立交桥”，探索推行符合校情的预聘长聘制度，充分盘活资源。设置“预聘”教职，采取“非升即走”的聘用模式，选留更优秀、更具潜力的青年人才，推动教师队伍不断“新陈代谢”，为各学科发展持续“输血供氧”。经国际同行专家一致认可晋升“长聘”教职后，不再进行硬性考核，通过设置长周期、多节点的校内项目，鼓励人才开展原创性、探索性科学研究，引导人才实现更多“从 0 到 1”的突破。

四、宏观指导与微观自主相结合

高等教育管理体制，从其组织体系和机构来看，可以分为两个层次：宏观管理体制和微观管理体制。宏观上是指中央和地方行政组织机构的设置、隶属关系和相互间的职权划分，以及主管部门和高校的关系。微观上是指高校内部的管理体制，即高校的领导体制、机构设置、管理权限及其相互关系。

教师聘任制的实施涉及三个问题：1. 地区经济社会文化特点和教师供需差异；2. 教师培养、流向、分布状况；3. 诸如责任、待遇、期限、续聘、解聘等聘任细则和运作规则的研究与制定。解决这些问题要求划分政府与学校的管理权限，即坚持宏观指导与微观实施的原则。一方面，政府部门制定统一、严格、明确的条例，进行职业管理和聘任管理；另一方面，在条例基础之上，高等学校在聘任过程中充分享有用人自主权。这样，既有利于教师聘任制建设在规范的程序之上，也有利于在制度和程序相同的前提下体现出用人单位之间适合自己特点的差异。

耶鲁大学法学院教授亨利·汉斯曼的研究表明，之所以欧洲的大学越来越弱而美国的大学越来越强，主要不在于经济发展水平，不在于政府对教育的投入，最重要的原因是欧洲的大学是国家垄断的，政府管得太多，而美国的大学是高度竞争化的。有竞争，优秀的人才才会得到公正的评价，才会有更充分的学术自由。如果所有学校都由一个政府机构来管制，就难有真正的学术自由。为了促进竞争，政府必须放宽对大学的管制，应该给大学更多的自由。

要充分赋予高校办学的自主权，积极探索实行高等学校人员总量管理，发挥高校用人主体作用。教育行政部门可以将相关聘任权直接下放至高校，切实落实高校聘任自主权，高校能够根据人才培养的结构，自主确定教师队伍结构，自主组织评审、按岗聘用。聘任权下放后主体责任由高校承担，自主制定教师聘任办法、操作方案等制度文件，按相关规定进行备案。同时，要加强对高校教师聘任工作的监管，并定期按一定比例开展抽查，对聘任工作把关不严、程序不规范，造成投诉较多、争议较大的高校，应该责令限期整改。这就能够实现责任和权力同步下放、放活和监管同步到位。政府还应进一步扩大高校收入分配自主权，使高校在核定的绩效工资总量内自主确定收入分配办法，根据教师贡献情况自主分配。

作为一个幅员辽阔的大国，我国不同地区之间差别较大，地区之间发展不平衡，区位条件不一，高校类型众多，要根据不同地区、高校特点实行不同的聘任模式。对于全面实行岗位管理、专业技术人才学术技术水平与岗位职责密切相关的地区和高校，一般应在岗位结构比例内开展评聘，以岗用人、竞聘择优、能上能下，促进聘任制度与用人制度进行有效衔接。对于目前还未实行岗位管理的地区和高校，则探索实现个人自主申报、业内受理评价、高校择优使用、政府指导监督的社会化评价机制。

总之，高校教师聘任制度是优化教师结构、提高教师整体素质的一种有效制度。马克思主义人本思想指导下的聘任制改革就是要增强聘任制的人本性、科学性、开放性、灵活性和自主性，为高校教师队伍建设提供新的思想和方法，从而为高校教师队伍建设带来新的生机和活力。

高校教师聘任制度是一种激励教师思想和行动的力量，要激发教师强烈的创造欲望，激发教师的责任心和荣誉感，使每位教师的潜能都能得到最大限度的发挥，从而在工作中能够取得更大的成就。马克思主义人本思想指导下的聘任制改革应当强调人在聘任中的主体地位和主体作用；价值取向是尊重人、解放人，聘任改革的最终目的是促进人的发展；聘任制既要关注人的普遍问题，注重聘任标准的统一性，又要考虑人的个性差异，注重聘任标准的差异性。高校教师聘任制度既要坚持效率、平等的价值取向，又要维护以人为本、学术自由的价值规则，保持这两组价值规则适度的张力，是教师聘任制改革取得成功的重要前提。

第二节　推进高校教师聘任制改革的建议策略

"改革的方案、思路无论怎样完善，如果在实施它们的时候不按照规律办事，不讲究战略和策略，不以一定的理论为指导，改革便绝难获得成功。"① 随着现代文明的发展，以人为本的理念日益深入人心，已经成为社会管理活动中普遍认同的一个基本原则。马克思主义人本思想指导下的聘任制改革应该以教师为本，不断强化他们在高校改革发展中的主体地位和主导作用，充分发挥他们的能动性，给予他们充分的人文关怀，而不是把教师作为改革的客体对象，这样才能进一步激发他们的潜能和创造力，调动他们的主动性和积极性，实现高校的组织目标，促进高等教育的和谐与发展。

马克思主义人本思想认为，人的本质是通过人的自然属性、社会属性和精神属性表现出来的。正因为人有社会属性，必然会受到各种社会因素的影响。高校教师聘任制度既包括国家和政府宏观层面的制度，又包括大学自身内部微观层面的制度设计，是一个由宏观层面的外部环境和微观层面的大学内在制度设计而构成的制度体系，缺少宏观体制机制支撑，微观技术层面的聘任制改革难以取得成功。因此，马克思主义人本思想指导下的高校教师聘任制改革，不仅要在高校内部制度建设中充分地尊重教师的尊严和价值，促进教师的个性解放和发展，还要从法律法规、社保体系、大学制度等层面为教师的发展创设宽松的支持性外部环境。

一、权利至上，完善教育法律及保障体系

人的权利反映人的价值和尊严，马克思主义人本思想主张尊重和保障个人的权利，在推动社会全面进步的同时促进每个人自由而全面的发展。人的主体性得到保障与获得尊重的主要表现就是个人的权利得到充分体现。因此，马克思主义人本主义思想下的聘任制改革首先要尊重、保护和促进人的权利。如果没有足够刚性和覆盖性的法治，就无法保证

① 潘懋元，王伟廉．高等教育学［M］．福州：福建教育出版社，2013 年版．

教师的合法权利和利益能够得到及时有效的保障。

（一）完善教育相关法律，明确高校教师的法律地位

现代法制的第一要务便是维护民主和权利。没有健全完善的法制，就不可能有真正的民主和人的自由。教育是社会公益性事业，教师为社会提供的是公共产品，应进一步采取措施保障教师的社会地位和经济地位，实现教师权益的保护。高校教师聘任制的核心就是通过高校与教师之间的平等协商、签订合同明确双方的责权利关系，从而变过去的依附关系为受法律调节人事合同关系。因此，要进一步完善高校教师聘任的相关法律法规，将聘任制纳入法制化、制度化轨道，这不仅是现代大学治理的要求，也是顺利推进教师聘任制改革的核心保障。

当前，我国《教育法》《高等教育法》《教师法》等法律法规虽然为推行高校教师聘任制改革提供了基本的法律保障，但是现行法律法规还存在许多不足。

首先，类似于国家公务员人事关系由《公务员法》调整，企业劳动关系由《劳动合同法》调整，高校教师作为事业单位工作人员的聘任关系也应受到国家法律的严格保护。我国现行的法律对教师法律地位的规定还不明确，教师的身份不是国家公务员，但也不是纯粹的雇员。法律地位的不明确就造成了法律适用的系列问题，教师既不受行政法律关系的调整，也不受民事法律关系调整，这就使得教师权益保障缺乏相关法律依据。因此，从全面保护事业单位工作人员的劳动权益和推进事业单位聘任制法制保障的角度来审视，国家应尽快制定调整事业单位工作人员聘任关系的聘任合同法，明确高校教师的法律地位和相关权益。

其次，还要进一步完善并明确教师聘任、解聘的法律程序。我国现行的法律对高校教师权利的保障非常重视，但是对程序保障较为忽视。如我国《教师法》规定了实施聘任制并规定了解聘教师的法定情形，而对于聘任和解聘的具体程序则没有相应规定。程序规范的缺失就会使得实体法的操作性不强。因此，国家应当从法律法规角度对高校教师聘任进行程序性、原则性和一般性的规范，通过立法来规范和约束高校的聘任及解聘行为，从而确保聘任工作的客观性、公正性和有效性。

再次，还要不断完善高校教师申诉制度和人事仲裁制度。国家应将教师申诉、听证、仲裁、行政复议和司法救济等内容法治化、制度化，

规范高校的教师聘任权。另外，还要进一步完善高校教师因不服校内申诉或直接向教育行政部门或人民政府提出诉讼的校外行政申诉制度，通过建立合理的教师申诉层级来完善申诉制度，从机构、程序等方面理顺申诉制度和其他救济制度的关系。

（二）健全多层次社会保障体系，提高教师保障水平

人的权利保障的根本是实现民生保障。高校教师聘任制改革中引入竞争、绩效，推进人员流动的同时，也需要完备的养老、医疗、住房等社会化保障体系的支持。2015 年以前 ，我国机关和事业单位实行退休制度，而企业等单位实行基本养老保险制度，养老制度的双轨运行引发了一系列矛盾和问题。2015 年，国务院发布了《关于机关事业单位工作人员养老保险制度改革的决定》，决定实施机关事业单位养老保险改革，由此启动了广大高校教师的养老保险改革。高校教师参加事业单位养老保险改革后，能够保障其合法权益，并且为流动到学校之外的教师提供了较为有效的社会保障。

但是，目前高校教师的医疗保险还未实现全国范围的统一，全国大部分高校参加了医疗保险，而部分高校仍然实行公费医疗，两种模式截然不同，公费医疗高校的教师离开原学校后其医疗保障无法和医疗保险进行对接。因此，国家应该加快事业单位医疗保险体制改革，维护教师的权益，保障教师医疗水平。这样才能够使高校教师的“跨地区、跨部门、跨行业”流动成为现实，也才能真正实现人尽其才，并实现人力资源的合理配置。

高校教师从事的还是一个知识密集型行业，从国外高校教师社会保障体系来看，他们除了享受整个社会的共性的社会保障外，作为一个特殊群体，还享有不同于其他社会群体的特殊性保障。因此，在探索中国高校教师社会保障体系时，还应充分考虑其职业特点，在他们所享受共性的社会保障外，还应尽可能提供一些不同于其他社会群体的保障，从而调动教师工作的积极性。这也可以提高高校的核心竞争力，使高校在人才竞争中抢占高地。高校也可以在国家的社会保障制度外设立补充养老保险或补充医疗保险等制度，或者设立收入制度延期分配等。如上海交通大学在 2018 年推进人才医疗服务保障体系建设，通过参保商业保险的方式，推进高层次人才特殊医疗服务计划，即“校内红卡”。通过与保

险公司、医院、服务平台等多方研究讨论，最终确立了社会保险与商业保险相结合，高校、医院、保险公司和服务平台共合作的医疗服务新模式。该医疗服务计划创造性的参照上海市医疗就诊证（“红卡”）的报销及管理模式，借助商业保险提供费用保障，同时依托附属医院的医疗资源，让校内高层次人才能够享受与“红卡”相近的医疗保障。华东师范大学通过设立教师疗休养、“补充医疗保障计划”专项经费，保障教职工身心健康，为广大教师安心从教、潜心育人创造良好环境。

二、自由为基，营造宽松的文化氛围

马克思主义人本思想认为，追求自由是人所固有的特性。自由是人的本质属性，它是对人的自主权的最大承认，它是一切的起点，也是一切的归属。高校是一个知识型组织，“学问”是其组织文化核心，“自由之精神，独立之品格”是追求学问的核心价值观。针对行政权力越来越膨胀、学术权力越来越萎缩的情况，要构建以民主治校、学术自由、情感激励为特色的新型管理模式已是势在必行。大学追求真理，反对欺骗和谎言；大学崇尚理性，反对迷信与盲从；大学主张包容，反对一元与独断；大学尊重个性，反对钳制自由。只有在自由的学术环境、和谐的人际关系、宽松的组织氛围中，广大教师自我发展的意愿才会更强烈，自我提升的积极性与创造性才能被充分调动起来。

（一）弘扬学术自由

高等教育有着自身内在的逻辑，大学的传统表现为一种对高等学问的自由探索精神。自古以来人们就把大学视为传递知识、批判现存知识和创新知识的场所，因此学术性是高等教育机构的基本特征。学术是创造性的，有自由才有创造，没有自由就没有创造。这体现在高校以知识为核心，根据知识在其传播、发现和应用过程中表现出的静态和动态形式，来组织内部结构和内部日常活动。知识领域的深奥性，使专业人员成为无可争议的权威，因此无论是在教学还是在科研活动中，他们都不愿接受外行的干预。此外，知识的探索和发现是永无止境的，不存在预设的、精确的目标来等待人们在规定的实践里去从容实现，所以，高校中的专业人员在时间和空间上，享有其他部门难得的相对自由。正如有学者指出的，“大学不仅以学术为本位，而且以自由学术为优先。生活在这里的人事实上是以学术为生命的，故而大学通过学术本位而体现人本位，优先自由学术更凸显了人本位的精神”。①

许多国家一方面积极促进大学的市场化，另一方面也在积极地保护大学在探讨学术方面的自由，包括对一些看似无用知识的研讨。高校教师从事的是一种学术职业，主要特点是教师对某一学科领域从事独立研究，有个人独立见解，教师可以充分发表个人的研究成果，而不受干扰和约束。同时，高校教师的工作还具有创造性的特点，高校的创新主要依赖于教师的创新精神和创造性的工作。科学研究是人类对未知领域的探索，具有探究性的特点，更是要求教师要将创造贯穿始终。

无论是高深学问的教与学，还是高深学问的研究，都要求保障学校和教师享有充分的学术自由。因此在学术活动中要坚守“学术至上”的理念，破除“官本位”“行政至上”。坚持学术自由，不仅要对国家、社会、人民群众提出保障学术自由的要求，教师自身也要用实际行动来保障学术自由。高校里的每一位教师都必须有自己的学术追求和独立人格，一方面要有批判精神，实事求是、独立思考、勇于创新的精神；另一方面要有自主、自强的独立意识和创造意识，要有主体意识。只有这样，高校教师聘任才能真正遴选出学术卓越的教师、学者，也才能促进学术发展进步，使高校步入一流。

教育是人们寻求解放、从狭隘走向广阔的过程。个性、独特性和多样性，既是教育的重要资源，也是教育追求的目标。真正的高等教育应该是探索真理和自由成长的最佳处所。② 正如林建华教授所言，学术自由是学术研究的根基，但学术自由也是有界限、有规范的，这是学术界普遍的共识。尽管社会制度和国家状况不同，对学术自由和学术规范尺度的把握上会有不同，但基本原则是相通的。使学者静下心来，去自由畅想和创造，使学生静下心来，去安心学习和体验，我们的国家才能更有竞争力，我们的民族才能更有创造力。

---

① 张楚廷. 高等教育学导论［M］. 北京：人民教育出版社，2010 年版.

② 周光迅，方建中，吴小英. 哲学视野中的高等教育［M］. 青岛：中国海洋大学出版社，2006 年版.

（二）尊重平等地位

马克思主义人本思想强调尊重人，即尊重人的社会价值和个性价值，尊重人的发展要求，尊重人的独立人格、能力差异、人的平等、创造个性和权利等。所谓平等，就是双方在社会上处于平等地位，享有平等权利，承担同等义务，受到同等保护。在法律上，高校和教师在聘任关系中是平等的。但是，由于历史和现实的原因，当前高校教师相对处于弱势地位。因此，高校应当树立平等意识，将高校教师视为平等主体而非被动的管理对象，避免用命令的方式让教师服从学校的改革意愿。高校和教师应当在协商一致、平等自愿的条件下签订聘任合同。高校与教师应当相互协商，就聘任合同的内容、履约方式以及薪酬待遇等进行谈判确定，使得聘任合同能够充分反映高校和教师双方的自由意志。高校还要尊重教师的知情权和参与权，让教师的意愿得到充分表达，在实施聘任中与教师达成一致意见。

（三）发挥教师主体作用

马克思主义人本思想坚持“以人为主体和中心”“以人为出发点和目的”“以人为价值标准和评价尺度”，强调人在社会发展中的主体地位，又强调人在社会发展中的主体作用，把人的主体性放在了突出的地位。教师是高校办学的主体和核心，教师质量直接关系到教育质量。教师的自主性工作方式，养成了教师高度的自主意识。在工作中他们更倾向于自我学习、自我研究、自我引导。教师的这种自主性工作方式，决定了他们的工作效率和工作质量主要取决于其主体作用的发挥。因此，要树立以教师为本的观念，尊重教师的主体地位，充分发挥教师的主体性和主体作用。

因此，高校内部的管理者要尊重高校教师的需要，在思想上高度重视，在工作上放手任用，努力营造宽松、和谐、开放的学术环境，搭建教师事业发展平台，让他们具有责任意识、自主意识，从而激发每一位教师参与学校建设和发展的积极性。高校还应为教师提供一个自由和宽容的环境，营造一个开放进取、公平宽容、尊重知识、尊重人才的氛围，从而真正激发教师的创造性。

三、简政放权，进一步推进高校自主办学

在计划经济时代，政府统一调配全社会的资源，教育资源也不例外。政府是高等学校的投资者和举办者，高校的人员调动、晋升条件、薪酬标准等，都是由政府规定好的，因此大学没有办学自主权。

改革开放以来，我国社会发生了深刻的变革，高度集中的计划经济体制已向开放的市场经济体制转轨，高等教育的管理模式也应该随着社会经济的发展变化而进行调整。首先，要理顺高等教育举办者、管理者和办学者之间的关系。国家是高校的举办者，政府是高校的管理者，高校是办学者。其次，高校要成为相对独立的办学实体。现代大学制度的重要基石就是大学自治，实现高校独立办学也是高等教育客观规律的体现。推进世界一流大学建设，关键在于理顺政府、社会和大学的关系，使大学真正成为职责、权力协调统一的实体。

因此，应正确理顺高校外部的权力关系，建立起符合我国高校理念与实际的管理体制，政府与高校之间的关系应在法治原则下理顺。一方面，政府要依法行政，依法对高等教育进行宏观管理，加强对高校的宏观调控，使其对高校的管理实现有限政府、法治政府。政府作为行业主管部门，对高校进行投入、评价，并以此引导高校的办学行为，保障法律规定的办学方向和办学目标的实现。另一方面，进一步落实高校法人地位，扩大办学自主权，使高校真正成为面向社会、依法自主办学的法人实体。

当前，改善政府与高校关系的关键，首先在于政府，政府要尊重高校和学术，促进高校职能的充分发挥；其次是政府应该慎重选择对高校管理的领域、程度和方式等。政府主要负责规划指导和宏观调控，并可以通过政策等方式进行目标管理和监督评估，从而避免对高校管理尤其是人事制度改革进行过多的过程管理和行政干预。政府对高校的行政管理应由过程导向变为结果导向，在政策的供给上注重指导性且具有一定的弹性和灵活性，使各类高校能够根据自己的办学实际，灵活、有效地针对外部经济社会形势的变化做出及时的回应。

要给予高校更多自主权，逐步建立符合高校特点的学校自主用人、人员自主择业、政府依法监督、配套措施完善的人事管理新体制。对高

校教师聘任工作，政府也要进行宏观管理，推进与教师聘任相配套的法律手段、经济手段和监督职能的制度建设，而不是直接参与其中，从而为高校教师岗位聘任制的实行提供政策支持与法律保障。

充足的人事管理自主权是高校推进相关改革的重要依托，政府应逐步解除编制数量对高校教师聘任与管理的约束，进一步下放聘任管理权限，以充分发挥各高校的主导作用，进一步激发组织活力。在推行岗位聘任制的实施过程中，政府要由全能型向宏观型转变，破除束缚高等教育改革发展的体制机制障碍，进一步向高校放权，给高校更大的办学自主权。政府应从集评审权与实质聘任权于一身的“运动员”转变为以监督和服务为主的“裁判员”，以高等学校的学术性、特殊性为基点，使高校教师职务评聘变管制为管理，变操作性管理为程序性控制，变指令性管理为指导型服务。

四、多元参与，理顺高校内部治理机制

随着我国高等教育内涵式发展的逐步深入和“双一流”建设的不断推进，高校内部治理的重要性日益凸显。优化内部治理，规范高校内部组织机构，逐步构建符合自身发展需求的现代大学制度体系，最大限度地调动教师、学生、管理和服务人员、社会各界等利益相关者的积极性和创造性，进一步激发办学活力，提升管理效能，为学校实现高质量可持续发展提供保障。

大学制度体系中，具体制度如学校内部的规章、政策、条例等，是大学自主决定设计的，最能体现大学治理的水平与能力。在推进大学治理体系现代化的过程中，高校应全面系统地梳理学校各项规章制度和管理文件，依据章程，对人事管理等重要环节，以及学术委员会、校务委员会建设等重要领域，制定出台或完善一批文件和规定，要对标一流，深化改革，坚持按章程办学，构建以一流质量标准为核心的制度规范体系。高校以此为基础，扎实推进学校综合改革，探索更具活力、更富效率的管理体制和运行机制，进而构建起具有中国特色的现代大学治理体系。

完善的高校内部治理结构是形成学校用人约束和激励机制的重要基础。高校一方面应处理好学校内部行政、学术等各种权力，充分发挥好

学术委员会、教代会、工会等各类组织的作用，强化教师的办学主体地位；另一方面应推进校院两级管理体制，充分发挥各教学科研单位的人事管理自主权，调动基层单位积极性、主动性。高校要对接国家“放管服”改革，健全学校章程落实机制，充分发挥学术委员会在学术管理体系中的重要作用，加大民主管理和监督力度，进一步理顺校院主体责任，继续推进管理重心下移，构建决策权、执行权、监督权相互制约和协调的现代大学治理体系，有效提高学校自我约束、自我发展能力。

（一）完善内部治理结构

治理体系与治理能力现代化，是建设现代大学之要义。必须坚定不移深化改革、创新管理，切实提升服务师生的能力，切实构建行政权力、学术权力相得益彰、良性互动的治理架构。

1. 优化学术治理架构与运行机制

现代大学制度建设的核心就是确立学术本位的价值取向，促进学术自由。就学校内部管理制度而言，主要是使教授拥有学术权力，通过学术内部的民主管理，更加有效地发挥以教授为主体的教师在学校管理中的作用。

高校要进一步健全完善学校学术委员会，通过制度化、机构化、正常化使之成为学校最高学术权力机构，还要进一步明确学术委员会肩负的学术决策、学术审议、学术评定、学风维护和学术咨询等职责，尊重并支持学术委员会独立行使职权，推进教授治学，充分发挥专家、学者在学术上的权威性，不断实现行政权和学术权的分离，体现高校学术自由、学术民主的办学理念，实现教授治学、学术卓越的目标。学术委员会要广泛地参与学校的发展规划、学科建设、专业建设、师资队伍建设、教师聘任、经费使用等方面的管理决策，充分发挥教授群体参与学校管理的作用。

2. 推进行政治理体系改革

高校要按照教育部等五部委“放管结合、优化服务”的要求，不断优化校内职能部门职能职责设置，明确管理服务流程和岗位责任；建立以岗位职责为基础，以增强服务意识、提高工作效能、提升职业化水平为目标的现代大学管理与服务体系，推进行政机关机构改革；逐步剥离机关服务事项至统一设立的事务大厅，加快推进线上线下一站式服务。

（二）强化民主管理和监督

民主是公正的保证，制度民主、决策民主、行政民主也是高校发展的重要保证。在一个民主的高校中，每位教师都可以发表自己的看法，每位教师都可以提出自己的意见或建议。学校要拓宽民主管理的有效途径，加强议事协商，学校各级组织的各种重大决策或重要政策在出台前，要充分征求教职工的意见。“具体应用改革的成败取决于教师的态度。然而，革新理论家们设计的许多方案，似乎是强加在教师们身上的，是向他们提出的，而不会是和他们共同提出的。这种专家统治论的家长作风是由于他们不信任教师，因此反过来引起教师的不信任。总之，教师们并不反对改革，他们反对的是别人把改革方案交给他们去做的那种方式，更不用说把一个改革方案强加在他们身上了。”① 涉及所有教师切身利益的聘任制改革，更应让广大教师参与其中，共享决策。这一方面能够使改革决策更加科学合理，另一方面也可以增强聘任制度的合法性，使政策得到教师的认同和接受。

1. 推动教师全面参与

高校作为学术组织，有其学术文化特征，在学术上有不同意见，只能通过开展充分自由的讨论，逐步取得共识。而不能简单地由某个权威去做结论，也不能采取少数服从多数的方法。高校教师聘任制改革要充分考虑高校这种学术文化的特征。

高校可以通过多方参与的方式来协调管理效率、学术权益的关系，使教师聘任制度既能够兼顾学校管理，又能够反映教师和学术组织的诉求。要以有效的方式确保教师的知情权和参与权，认真对待教师的需求和意见，并在政策制定过程中充分吸纳教师的需求与建议。参与管理可以使教师有一种主人翁的责任感，从而使自己的视野不再局限于自己的教学工作及研究领域，能够充分考虑学校整体发展，从而激发工作热情。

因此，要推进教师聘任政策的制定主体改革，建立高校、教师协商制定教师聘任制度的机制。这样，一方面，可以在与教师的协商中完善制度文本，为改革顺利进行奠定基础；另一方面，通过沟通和协商，也

① 联合国教科文组织国际教育发展委员会. 学会生存：教育世界的今天和明天［M］. 华东师范大学比较教育研究所，译. 北京：教育科学出版社，1996 年版.

可提高教师对制度的认同，减轻变革的阻力。此外，还要推进信息公开，充分发挥教师民主监督的作用。

2. 完善教师代表组织建设

当前许多高校的教职工代表大会、工会组织存在着职能虚置、成员泛行政化及决策职能缺位等现象，不能实质性地参与学校管理的决策中。教代会、工会的参与应当成为高校涉及教师利益的人事决策中的重要一环。

作为教师民主管理和民主监督的重要渠道，要加强校院两级教代会制度化、规范化建设，确立教代会、工会等组织的法定地位；完善组织人员构成，尽可能吸收普通教师参与，健全组织运作机制和方式，保障教师民主权利；要强化教职工代表大会作用的发挥，对于教代会的提案，学校和各单位要进行专门研究，提出处理原则和具体的措施。

维护教师合法权益是教育工会的基本职责之一，要加强工会在维护教职工权益上的职能发挥，为教职工提供法律服务，进行平等协商，不断完善高校教师维权机制。

（三）进一步理顺校院关系

作为以知识和学术发展为根本任务的学术性组织，高校组织的重心在基层。根据高等学校的这种组织特性，高校应将管理重心放在各教学科研单位上，建立健全校院两级管理体制，制定权责对等、责任明确的校院两级权责清单，整合优化学校教育教学资源，形成学校和学院两个管理层级，促进校院两级统筹推进高水平大学建设。各个教学科研单位在学校的统一管理并授权下，应具有充分的自主权。学校要积极推动各教学科研单位实体化改革，使各教学科研单位真正转变为人才培养和学科建设的主体，充分发挥其改革的积极性、专业创造力，要积极鼓励各教学科研单位以办学主体来参与和推动改革，从而实现从“校办院”向“院办校”的转变，进一步发挥各教学科研单位发展的活力与动力。

因此，高校教师聘任制实施过程应进一步发挥学院、学科的主导作用。学校重在宏观调控，聘任过程由单位具体负责，加大了二级单位的用人权力，同时也增加了二级单位所承担的相应责任。各单位教师聘任组不仅负责审查申报人员的条件，而且负责研究决定聘任工作，换言之，学校基本尊重各单位的聘任意见，并鼓励和支持各单位创造性地推行聘任制工作，扩大院系自主权。在学院、学科层面进一步制定和完善教师队伍建设规划，明确各岗位的具体职责，加强人员的评聘与考核。对教师学术水平、学术能力、学术成果进行评价时，应坚持基层化、多样化、专业化，充分尊重学院意见。要构建起学校、学院与学科立体互通式的教师聘任体系。

学校同时还要加强对各教学科研单位权力运行的指导和监督，对各教学科研单位实行目标管理，引导各教学科研单位工作，通过监督制约规范各教学科研单位管理权力的使用。学校要进一步提升各教学科研单位治理能力和治理水平，推动各教学科研单位自主管理、自我约束、规范运行、加快发展。

五、以人为本，构建科学合理的聘任体系

马克思主义人本思想指导下的聘任制改革，要创设以人为本的制度体系。这不仅要基于教师现实基础之上，还要通过系列制度安排，丰富、提升、完善教师的发展。因此，高校内部的教师聘任制度，应以构建适合各类教师职业生涯发展通道为目标，以强化岗位管理和突出绩效考核为导向，兼顾教师的权利和义务，促进各类教师协调发展，从而实现教师自身发展与学校整体事业发展相统一。建立设岗、聘任、履职、考核及薪酬分配相互协调的教师发展机制，引导和促进教师在人才培养、科学研究、社会服务和文化传承与创新等各项工作中各得其所、各尽所能，实现人尽其才，才尽其用。

聘任制改革的深化，只有坚持“以人为先”的理念，才能真正调动教师的积极性和创造性。只有真正以教师为本设计教师管理制度和实施管理，教师的各项制度才可能有长久的生命力。

（一）科学设岗

不同的岗位因其任务的不同，需要的人力资源所具备的特有资质也不同。因此，每一个组织机构要高效完成既定的工作任务，就必须尽一切可能把合适的人安排到最适合他们个体特点的岗位上并发挥其作用。岗位设置是高校实行教师聘任制的重要基础和前提，岗位设置与学校各类资源的配置相关，也关系着教师聘任制的成败。高校教师的岗位设置

要符合教育发展规律，合理确定岗位总量，科学设置各级各类岗位的结构比例；还应围绕学校办学目标，以学科为导向，围绕人才培养、科学研究、社会服务等工作任务的需要，兼顾各类人员的现状和未来发展；还应坚持以人为本的原则，引导和促进教师将自身发展、能力与岗位要求、学校发展相结合，实现人尽其才、才尽其用，提高教师的积极性、主动性和创造性。

1. 设岗原则

（1）总量控制与改善结构相结合

学校首先要根据国家对不同类型、规模、层次高校的编制规定，确立高校教师岗位总量、岗位比例结构。同时，岗位设置应本着科学、规范、优化、高效的原则，根据学校自身发展规划，按照岗位结构比例，规范设置各级各类教师专业技术岗位，完善岗位设置分类分级体系，加强宏观调控和管理。

（2）学科建设与教学科研任务相结合

高校教师岗位一般应按二级学科设置，根据学科水平层次、人才培养需要和各单位的教学、科研、社会服务的实际任务设置具体岗位，一般不允许跨学科，以保证学科建设、人才培养和教学科研任务工作的正常运行。

（3）动态调整与规范管理相结合

高校教师岗位设置要随着学科发展、队伍结构或任务变化等情况适时动态调整，不断推进岗位管理的科学性和规范化。

（4）学校调控与单位自主相结合

明确管理权责界限，推进管理重心下移。建立学校相关职能部门协同配合工作机制，强化用人单位的办学主体地位，在岗位管理中形成学校宏观决策、部门协调配合、单位实体运行的管理模式。

2. 设岗方式

学校应根据事业发展、学科建设需要和编制总量等因素综合确定教师岗位总量。教师高级岗位按二级学科点设岗，设岗学科可以分为若干类。高级岗位的划分向重点学科、专业倾斜，如可以根据学科博士学位授权点（单位）、硕士学位授权点（学科）类型来划分；还可以按照学科水平确定比例、教师队伍规模作为设岗基数，各学科可选择最高类别核岗，不得重复计算。各类学科高级岗位数原则上控制在本学科教师编制总数的一定比例。学校可根据各单位学科以及教师队伍具体情况调节高级岗位比例并进行上下浮动。同时，在高级岗位设置中，要坚持突出重点的同时兼顾一般，要保障一般学科教学、科研工作的需要和学科建设的需要。

学校中的各个教学科研单位要根据学校核定的岗位总量以及结构比例制定本单位具体岗位设置方案；其中，中级及以下岗位由各单位自主设置，高级岗位设置方案须报学校审批。

下表为笔者依据学科水平设计的教师岗位设置比例。

表 1　教师岗位设置比例

分类		高级岗位						中、初级岗位
一类	岗位层级	正高级			副高级			20%
	比例	27%			53%			
	岗位等级	二级	三级	四级	五级	六级	七级	
	比例	25%	40%	35%	20%	40%	40%	
二类	岗位层级	正高级			副高级			25%
	比例	25%			50%			
	岗位等级	二级	三级	四级	五级	六级	七级	
	比例	20%	40%	40%	20%	40%	40%	
三类	岗位层级	正高级			副高级			30%
	比例	24%			46%			
	岗位等级	二级	三级	四级	五级	六级	七级	
	比例	15%	35%	50%	20%	40%	40%	
四类	岗位层级	正高级			副高级			35%
	比例	22%			43%			
	岗位等级	二级	三级	四级	五级	六级	七级	
	比例	15%	35%	50%	20%	40%	40%	
五类	岗位层级	正高级			副高级			40%
	比例	20%			40%			
	岗位等级	二级	三级	四级	五级	六级	七级	
	比例	10%	30%	60%	20%	40%	40%	

续表

分类		高级岗位						中、初级岗位
六类	岗位层级	正高级			副高级			45%
	比例	18%			37%			
	岗位等级	二级	三级	四级	五级	六级	七级	
	比例	5%	30%	65%	20%	40%	40%	

备注：

①按照学科评估排名进行分类：一类，前5%学科；二类，5%～10%学科；三类，10%～20%学科；四类，20%～30%学科；五类，30%～40%学科；六类，40%之后学科。

②正高、副高、中初级比例为占教师总数比例。

③正高级岗位中的一级岗位的设置工作按国家统一部署进行；各级比例为占本层级教师总数比例。

3. 岗位类型

高校要改变教师的“同质性”，就要支持教师选择权的实现，打破单一性、统一性的岗位设置模式。高校可以根据教师岗位特点、职责和任务将岗位划分为不同的类型，一般可以分为教学型、教学科研并重型、科研型三类。教师岗位还可以在此基础上进行更为详细的划分，如教学为主型、教学科研并重型（含文科专业课、理科专业课和工科专业课教师）、科研为主型（可分设理论研究型和应用研究型，含文科专业课、理科专业课和工科专业课教师）、社会服务型/技术推广型等类型。岗位分类尊重并保护了教师个体的先天性差异和教师在发展潜力方面的自然差异，可以促进各类教师“人尽其才、才尽其用”，从而为各级各类人才搭建个性化的“人才成长阶梯”。

高校教师岗位设正高、副高、中级和初级四个层级岗位。其中，正高和副高为高级岗位。教学为主型、教学科研并重型岗位名称分别为助教（初级）、讲师（中级）、副教授（副高）、教授（正高），而专职科研型的岗位名称分别为研究助理（初级）、助理研究员（中级）、副研究员（副高）、研究员（正高）。

每一层级岗位设置不同的等级岗位。其中，正高岗位为教授（研究员）一至四级岗位，对应专业技术岗位一至四级；副高岗位为副教授

（副研究员）一至三级岗位，对应专业技术岗位五至七级；中级岗位为讲师（助理研究员）一至三级岗位，对应专业技术岗位八至十级；初级岗位为助教（研究助理）一至二级岗位，对应专业技术岗位十一至十二级。

同时，还可以借鉴香港的大学教师聘任制度的纯教学“讲师体系”。在香港大学等高校，有一部分教师没有科学研究的要求和任务，也不用负责研究生的指导，只是从事专门的教学工作，他们被称为“讲师”，有助理讲师、讲师、高级讲师和首席讲师四类。他们采用固定期限合同聘任，聘任年限主要根据个人意愿和高校的规划而定，没有“非升即走”的压力和制约，当然也不能转为终身教职。“讲师体系”在香港的高校中实行的范围有限，但也体现了香港高校教师任聘制度的多元化，这给予了老师更多选择权，既能保证教学质量，又体现了对个人选择的充分尊重。

（二）合同管理

教师聘任合同作为规范高校和教师双方权利、义务关系的法律文本，是高校教师聘任法制化、规范化的必然要求。订立一份合法平等的聘任合同是教师聘任的核心环节。聘任合同对于保护聘任双方的合法权益、激发教师活力都有重要意义。高校与教师签订了聘任合同，以合同为依据，才能有序开展年度考核及聘期考核。

1. 合同管理应坚持的原则

（1）规范合法

合同文本要合法规范，这是合同实施有效性的前提。教师聘任合同从内容、形式及订立的程序等，都应符合我国《教师法》《事业单位人事管理条例》等法律法规的要求。合同要在符合国家相关法律法规和人事管理规定的前提下，按照合法、公平、平等自愿、协商一致的原则，约定聘任双方的权利和义务。合同一经签订，就产生相关法律效力，任何一方不得擅自变更合同内容。

（2）地位平等

高校与教师是聘任合同的两个主体，学校与教师地位平等，教师之间地位也是平等的。合同应充分尊重双方意愿，在双方取得一致的基础上签订。

（3）科学合理

要从学校和教师实际情况出发来确定相关具体条款。合同中不仅要告知教师不可以做什么，更要告知教师可以做什么，从而保障教师的权益。合同应明确高校应提供的工作条件、工资待遇等，应明确教师聘期内岗位职责、工作任务等。合同约定应符合实际并且能够保证切实可行。

(4) 个性合情

高校教师的职业及其工作有自身特点，尤其是学术性的特点尤为突出。高校教师要求在自由的学术氛围下，独立思考，进行探索。这就要求聘任合同在基本的规范下，还应充分考虑每个教师的个性化特点，着力保障每位教师能够按照自己的学术兴趣来设计自己的学术道路，给每位学者更多的发展空间。

2. 聘任合同类型

我国高校在实施聘任制改革前普遍缺乏优胜劣汰的动态机制，普遍存在着“易进难出”的困境。随着聘任制改革的推进，目前高校对教师又实行全员、全程合同制管理，存在过度竞争的现象。高校教师的职业安全感不强，学术自由受到潜在的威胁。

国外尤其是美国的终身聘任制在保障学术自由和教师职业稳定方面发挥了积极的作用。终身教职通过确保教师的职业安全、提供学术自由的理念，制度本身蕴含着严格规范的教师遴选机制、非升即走的晋升机制、持续激励的聘后评审机制等制度设计值得我们学习和借鉴。

高校可以借鉴国外高校的终身教职制，进一步探索准聘与长聘等管理方式。例如南方科技大学的教研系列职位就按照无固定期限准聘制方式管理，包括准聘职位和长聘职位：助理教授为准聘职位；副教授为准聘或长聘职位；教授原则上为长聘职位；讲座教授为长聘职位。准聘职位实行固定合同聘任，合同期一般为六至七年，其中三年需进行一次中期评估，中期评估不合格者学校将终止合同。教研系列准聘职位聘用遵从“非升即走”规则。在六年合同期内，准聘职位未晋升到长聘职位者，学校将与其解除合同。长聘职位教师在身体健康，无违反国家法律法规、学校规章和师德师风及合同规定的情况下，可以在学校工作至国家法定退休年龄。同时，所有教研系列人员都要进行中期评估，评估内容包含教学情况、科研情况和学校/社会服务情况。

准聘-长聘制的优势在于将“短期聘用制”与之前的“铁饭碗制”相结合，避免过度追求短期利益和养懒人两个极端，使两种制度互为补充，扬长补短。“准聘期”的作用是辨识人才，在准聘期内对准聘对象提出较高的目标要求，同时匹配具有竞争力的薪酬标准，在压力与激励并存的环境中考察人才、筛选人才，把有学术志向和学术潜力的优秀人才留下。“长聘期”的作用是宽容用才，通过签订长聘合同，使通过准聘期考核的优秀人才可以沉下心来从事长周期、基础性、前沿性研究，不过分追求短期利益。对于终身教授也要定期进行考核，待遇跟考核的情况挂钩，在考核的周期、考核的方式上会有所区分。

3. 明确职责

不同岗位类型教师须完成所聘岗位的教学、科研及其他工作任务。教师工作量作为教师年度考核、聘期考核和绩效考核的基本依据。不同岗位类型的岗位职责也不同。

(1) 教学为主型岗位主要承担通识课、必修课等课程的教学工作，并承担一定的教学研究工作。一般要完成一定的教学工作量和教学改革研究项目等，不用承担科学研究任务。

(2) 教学科研并重型岗位既要承担课程教学、教学研究工作，又要承担科学研究工作。要完成规定学时的教学工作量和科学研究任务量。

(3) 科研为主型岗位主要从事科学研究工作。要完成规定的科学研究工作任务量，不用承担课堂教学任务。

还有些高校设置了专职科研型岗位/社会服务型岗位，主要从事科技推广、技术开发、成果转化、项目技术管理，或承担农业与工业技术推广、公共政策与其他科技咨询、教育培训等社会服务工作，不作教学任务要求。该类岗位仅设置在重要科研平台或项目中，专职从事基础研究、国家（地方）重大或重点项目研究和合作项目研究等。专职科研岗位/社会服务型岗位总量以学校研究生培养层次、规模为基础，以实际承担的科研任务量和国家批准设置的专门科研机构规模进行核定。

同时，还应考虑特殊情况下教师工作量的减免问题。如教师经学校批准参加脱产进修、挂职、讲学、支教或应减免相应年度工作量。病假、产假期间的工作量可以参照减免。“双肩挑”岗位的教师，在学校党政管理机构工作的，按管理岗位职责要求考核，教学科研工作量不做要求；在院（系）工作的，可由院（系）自行确定一定的教学科研工作量并进行考核。担任系主任、教工支部书记等管理职务的，工作量可以有一定的减免。

教师还应当重视思想政治和师德师风建设。

（1）牢记立德树人使命，坚持正确的政治方向，践行社会主义核心价值观，坚持教书和育人相统一，坚持言传和身教相统一，坚持潜心问道和关注社会相统一，坚持学术自由和学术规范相统一，将思想政治教育贯彻教育教学全过程，以德立身、以德立学、以德施教。

（2）坚持学术研究无禁区，课堂讲授有纪律，公开言论守规矩；不在课堂上发表违背社会主义核心价值体系的政治观点，遵守教育教学纪律。

（3）以人才培养、科学研究、社会服务和文化传承创新为己任，坚持“以学生为本、以学术为魂”的理念，师德高尚，教风优良，有敬业精神和严谨的科学态度、高度的责任心，为人师表，教书育人。

4. 合同的内容

高校教师聘任合同应涵盖以下主要内容：学校和受聘人员的相关信息、聘任合同的期限、教师岗位名称及职责要求、岗位纪律、岗位工作条件、工作报酬和保险福利待遇、合同双方的其他权利和义务、聘任合同变更或终止的条件、违约责任、关于合同争议的解决及法律法规规定的其他事项等。同时，在规定的必备条款外，当事双方可以协商约定其他内容。

（1）聘任合同期限。聘任合同的期限决定着学校和教师聘任关系的期限，合同一经订立即生效，到期即终止。期限由学校根据国家相关规定和本校有关文件确定，分为定期合同、无定期合同和任务合同。

（2）教师岗位及职责。聘任合同必须清楚地列出受聘教师的岗位和岗位职责、工作任务及考核标准，对受聘教师进行管理的基本要求等，如遵守校纪校规、职业道德等。

（3）双方权利及义务。学校应为受聘教师提供一些基本条件和义务，如必要的工作条件，提供相关教育培训机会，依法维护受聘教师应享有的各项权利等；受聘教师应遵守相关法律法规、校纪校规，主动从事教育教学、科学研究等工作，履行相应岗位职责，完成岗位任务，接受学校的考核和管理等。

（4）薪酬福利待遇。根据国家和学校的分配方案，享有相应的工资、保险、福利等；或根据个性化协议享受年薪制等特殊薪酬待遇等。

（5）合同变更、解除、续订或终止的规则。变更、解除等可以依据国家法律法规及相关政策等法定条件，也可以依据由学校和受聘教师共同协商确定的法定条件来进行。

(6) 违约责任。即违反聘任合同的法律责任，一般有民事责任或经济责任。

(7) 争议处理。聘任合同争议处理方式一般包括协商、内部调解、仲裁、法律诉讼等。聘任双方可以在合同中事先规定处理争议的方式，也可以在争议发生后选择处理争议的方式。

(8) 补充条款约定。补充条款是聘任合同的附属要件，双方同意后的补充条款与必要条款具有同等效力。内容可以包含：成果的知识产权；教师继续教育后的服务期限；教师兼职要求；保密要求等。

下面的文本为笔者设计的教师聘任合同书框架，相关条款涵盖了上述有关内容。

教师岗位聘任合同书

根据国家、＊＊地方有关政策和《＊＊大学教师聘任办法》及相关文件精神，甲乙双方本着自愿、平等、协商的原则，一致同意签订本合同，并共同遵守。

第一条 聘任合同期限

聘期　　年。自　　年　　月　　日起至　　年　　月　　日终止。

(甲乙双方如有本合同中约定的解除、终止合同的条件出现除外)。

第二条　工作岗位及其职责

1. 甲方根据工作需要，经乙方申请，聘任乙方担任　　学院（系、所）　　岗（岗位类别）　　岗位工作；

2. 乙方聘任期间的岗位职责、工作任务和任期目标：（主要教学、科研和社会服务等方面）

……

第三条　权利和义务

(一) 甲方的权利（由双方约定相应情形，如根据相关规章制度对乙方进行管理；根据乙方受聘岗位的职责，安排乙方的工作并提出相应的工作要求；按规定对乙方进行考核、奖惩；依法维护自身的合法权益等）

1. ……

……

(二) 甲方的义务（由双方约定相应情形，如为乙方提供必要的工作条件；根据工作需要，结合乙方的发展，组织乙方参加必要的学习和培

训；在聘期内为乙方提供相应薪酬、福利待遇；维护乙方合法权益等）

1. ……

……

（三）乙方的权利（由双方约定相应情形，如享受相应薪酬和福利待遇；享受甲方提供的工作、学习和生活条件；参与学校管理，有权对学校工作提出意见和建议；维护自身的合法权益，如甲方不能按规定履行义务，有权向上级有关部门提出申诉等）

1. ……

……

（四）乙方的义务（由双方约定相应情形，如遵守相关法律法规及学校的规章制度；履行相关岗位任务；聘期内相关成果属于职务成果，应该署名甲方单位等）

1. ……

……

（五）甲方委托单位的义务

1. 乙方所在院系受甲方委托，负责安排乙方的教学科研工作及日常管理工作；制定乙方的工作目标，督促检查工作任务完成情况并组织实施对乙方的考核。

2. 甲方委托单位有义务即时与甲方、乙方就相关事宜进行沟通。

第四条　薪酬及其他待遇

1. 甲方根据国家政策和单位的有关规定、乙方从事的岗位以及乙方的工作表现、工作成果和贡献大小，甲方按其相应聘用岗位发放相应的工资和其他福利待遇。

2. 乙方享受国家和单位规定的各项福利待遇。本合同中未尽的权益，乙方在合同期内因工或非因工负伤、致残、疾病及死亡等事宜按照国家政策和单位的有关规定执行。

第五条　合同管理

（一）变更合同（由双方约定情形，如岗位变化，合同所依据的法律、法规等文件发生变化，聘期发生无法预见的情况等。并且经甲乙双方及甲方委托单位协商同意，也可以变更合同。）

1. ……

……

（二）续聘

乙方完成聘期目标任务后，甲方根据规定对乙方进行聘期考核。乙方提出申请，甲方根据工作需要，可以续聘乙方任现岗位，并签订相应的合同。

（三）低聘

乙方聘期考核不合格或难以继续胜任现岗位工作者，本合同终止。视情况降低一级岗位聘任，签订相应岗位聘任合同。低聘人员新聘岗位期限自前一岗位聘任合同终止之日起计算，薪酬待遇按新聘岗位标准执行。

（四）解聘

1. 甲乙双方协商一致，可以解除本合同；

2. 聘期内，乙方有下列情形之一者，甲方有权聘解除岗位合同：（由双方约定相应情形，如不符合岗位要求，旷工超过期限，发生工作事故，开除处分等）

（1）……

……

3. 乙方有下列情形之一，甲方可以单方面解除本合同，但是应当提前30日以书面形式通知乙方：（由双方约定相应情形，如受聘人患病后不能从事原工作及学校安排的其他工作；连续两次年度考核不合格；合同订立时客观情况发生变化等情形）

（1）……

……

（五）终止合同（如合同期满、退休、死亡等情形）

1. ……

……

第六条　违约责任

合同签订后，任何一方违反合同规定，都要承担违约责任。给对方造成的损失由责任方赔付，并视情况追究一定法律责任。

第七条 争议的处理

……（由双方约定，在合同中明确）

第八条 附则

1. 本聘用合同中凡涉及调出、辞职、开除等人事关系事宜，以国家、＊＊地方和甲方有关规定为准。

2. ……（合同未尽事宜的约定）

3. ……（合同份数约定、合同生效约定）

甲方代表签字（加盖单位公章）：

签字日期：　　年　　月　　日

所在院系（甲方委托单位）代表签字（加盖单位公章）：

签字日期：　　年　　月　　日

乙方签字：

签字日期：　　年　　月　　日

（三）支持发展

高校教师作为从事教学和科研工作的学术职业者，有专业性的特质和要求：一方面要具备系统化、规范化的知识，即学科知识。另一方面应具备专门化知识和专门的职业，也即专业。教师是高校的主体，教师的专业水平决定着高校的办学水平，没有教师的专业发展就不可能有高校的发展。与其他职业相比，高校教师具有强烈的学习和自我更新完善的愿望。他们在工作中更注重学习机会、培训机会，更重视更好的发展机会。因此，高校要树立“以教师为中心”的核心理念与实际行动，满足教师的发展需要，关心教师的成长，为他们提供更高职业发展的可能性。

人是社会历史的主体，人类的全部活动归根到底都是为了人类自身的生存、发展和幸福。高校教师聘任制的内容之一就是建立与教师职业生涯规划相符合的教师培训、进修制度，促进教师专业发展，引导教师将个人发展目标与学校发展目标相结合，实现高校和教师共同发展和相互促进。高校应在教学、科研等方面给予教师更多的资源与支持，增强对教师尤其是青年教师的关怀与培养，营造开放、共享、合作、进取的学术组织文化，从而激发教师的敬业精神和潜在能量，进而实现组织发展的目标。

目前我国高校引入“非升即走”机制大多是为了解决高校教师“只进不出”的问题，其核心不是“升”而是在于“走”，并且目前我国高校更多只是对教师执行严格的试用期，较少关注其成长环境建设，这明显不利于教师的发展。高校既要重视人才的引进和使用，更要注重人才的发展和管理，并制定相应的辅导支持和激励政策。这样就可以通过引进一批具有巨大发展潜力的优秀青年人才，以高标准的严格评估真正实现人员择优遴选与聘用，进而激发教师队伍的活力和创造力。

新时代，党和国家对高校教师提出了政治素质过硬、业务能力精湛、育人水平高超的要求，高校教育对象对于高质量优质教育的需求也比以往更加强烈。同时，随着教育信息化的深层次推进，教育教学与信息技术深度融合，对教师的教育观、教学能力都提出了新的挑战。面对新方位、新征程、新使命，高校要把握教师队伍建设的新形势、新要求，健全教师发展体系，完善教师发展培训制度、保障制度，深入开展高校教师培训，营造有利于教师可持续发展的良性环境。

高校应结合学校学科建设规划、师资队伍建设规划和教学科研工作的需要，构建起多层次、多渠道、全覆盖的教师职前培养、入职教育和职后培训相衔接的教师发展体系。

1. 师德教育体系

加强师德教育，提升教师思想政治素质和职业道德水平是提高教师整体素质的关键手段。高校要完善师德教育培训方案，丰富教育渠道和方式，改进师德教育实效，逐步构建分层、分类、分级的培训体系，把引导教师形成高尚师德和良好师风贯穿培养培训的全方位全过程。

（1）加强师德教育，健全岗前职后“一体化”师德教育。

高校应将学习师德规范纳入教师培训计划，在岗前培训时开辟专题，通过举行新教师入职宣誓仪式等，对新教师进行教师职业道德教育，重点加强社会主义核心价值观教育，重视理想信念教育、法制教育和心理健康教育。在教师入职后，要开展经常性政治理论学习，重点学习贯彻习近平新时代中国特色社会主义思想，坚定教师的理想信念和职业追求；创新教育理念、模式和手段，组织开展师德讲座、理论研讨、主题征文、事迹报告会、座谈会、交流会等活动。举行执教 30 年、40 年纪念仪式和老教师荣休仪式，大力宣传和表彰优秀教师，引导教师自尊自律自强，做学生敬仰爱戴的品行之师，做社会主义道德的示范者、诚信风尚的引领者。

（2）实行全员育人，鼓励教师在育人实践中提高师德修养。

引导教师发挥自身优势参与全员育人，鼓励教师主动参与学生思想政治教育，安排教师兼任学生思想政治辅导员或担任班主任，将思想政治教育工作落小、落细、落实，在育人实践中锤炼高尚道德情操。结合教学科研、社会服务活动开展师德教育，鼓励广大高校教师参与调查研究、学习考察、挂职锻炼、志愿服务等实践活动，切实增强师德教育效果。

2. 专业素质培养体系

加强教师专业素质培养，引导教师掌握本学科前沿研究动态、先进研究技术和方法并追踪学术前沿。要支持教师追踪国际学科前沿，加强国际交流合作，开阔国际视野。要鼓励教师深入一线，了解国家重大需求、行业技术瓶颈，提升原始创新和服务国家需求的能力。

(1) 学位提升。加大“博士化工程”推进力度，鼓励教师以在职或脱产形式师从国内外一流教学科研机构的名师攻读学位，提升学历学位层次。

(2) 博士后研究。根据学科建设需要，加强学术梯队人才的培养，鼓励具有博士学位的中青年教师到国内外一流大学（科研院所）博士后流动站师从名师从事研究工作。

(3) 国内研修。鼓励学院有计划、有针对性地选派中青年教师到本学科公认的一流大学（科研院所）、师从一流学者进行访学、研修，争取产生一流成果。

(4) 国际拓展。全面提升教师国际化水平，开拓教师的国际意识和胸怀。

①出国研修。充分利用国家留学基金委统一组织实施的国家公派高级研究学者及访问学者、青年骨干教师出国研修项目及专门人才培养项目（如艺术类人才培养特别项目）、学校自主公派项目和合作研究项目等，鼓励教师积极参与国（境）外项目研究。研修完成后应至少联系一个长期合作导师，做一次高质量学术讲座，争取可以用外语主讲一门课程。

②国际学术交流。支持教师参加高端国际学术会议，并开展学术交流。

③海外人才基地建设。通过建立建设海外教师研修、合作研究基地，与海外高水平大学或科研机构建立长期、广泛的联系，开展教师互换项目，拓展国际合作渠道。

（5）行业锻炼。鼓励教师参与支教、支农和博士服务团等活动，支持教师参加高校与新闻单位、法律实务部门从业人员互聘交流，促进学界与业界优势互补、理论与实践深度融合。

3．专业能力培养体系

加强教师专业能力培训，提升教育教学及学术研究能力。创造更多现场锻炼、行业挂职、出国研修等机会，为优秀青年人才尽快成长打造良好的平台。

（1）岗位适应性培训项目。主要以基本教学科研技能为主，具体开展岗前培训、初任教师导师制等工作。

①岗前培训。新从事教育教学工作的人员，均需参加岗前培训，教学人员经试讲合格并取得主讲教师资格后方可上岗任教。举办新进人员成长与发展专题培训及校本培训，帮助新进人员了解校情，尽快完成角色转变。

②初任教师导师制。为新进校的青年教师配备导师，指导青年教师制定职业发展规划，明确职业发展方向。同时，初任教师导师从学术研究、教育教学方法、师德师风等方面对青年教师进行全面指导，为新进校青年教师扣好职业生涯的第一粒扣子。

（2）岗位业务能力培训项目。以全面提升教师能力，加强科学方法、科学精神的培养训练为主，具体包括外语培训、教学能力培训、教学观摩与比赛及学术讲座、学术交流或专题研讨等。

①外语培训。学校可以定期举办教师实用性外语培训，还可以定期在全校范围内选派教师以全脱产形式培训一个学期的外语，参加国家公派留学人员全国外语水平考试并取得合格证书。

②教学能力培训。学校应定期开展教学基本技能、课堂教学规范、多媒体教学制作技术及计算机技术、信息网络技术培训，帮助教师掌握教学基本技能、教学规范及现代教育技术手段，提高信息化背景下教育教学能力。

③教学观摩与比赛。学校和学院可以定期或不定期组织青年教师观摩校内外教学名师和优秀教师授课，定期开展青年教师教学基本功比赛。学校和学院通过组织公开课形式，为青年教师展示教学技艺、切磋教学技能、交流教学心得提供相互学习借鉴机会。

④学术讲座、学术交流或专题研讨。学校要鼓励学院及教师个人通

过“请进来、走出去”的方式加大学术交流力度，使教师熟悉和掌握本学科发展前沿信息，拓展学术视野，加强学术合作。一方面，邀请海内外知名学者和社会各界专家来校讲学、作报告、合作研究等，重点开展以教育教学方法、学科前沿等为主要内容的研讨交流。另一方面，支持教师开展学术交流、教学科研实践和社会实践活动，支持教师参加以教学改革和教材建设为主要内容的研讨班，支持教师参加国内外重要学术会议或合作研究、学术访问及各类短期专题研讨等。

高校要建立协同工作机制。一方面，进一步改善高校教师发展服务，加强高校教师发展中心建设，开展教师发展研究，为教师提供研修服务、职业发展指导、教学咨询指导等，更好地促进教师专业化发展。另一方面，要加强院系层面教师发展平台建设，通过教学与科研团队建设，建立教师合作发展机制。支持建立跨院系、跨学科教师学习共同体，推动教师自组织学习，增强教师发展动能。

马克思主义人本思想强调个人的自由发展，因此高校教师的发展也不能被强制性地纳入唯一的发展轨道，不能为每位教师设立同样的行为方式。也就是说，高校教师的发展也不能限制教师个性的自由发展。

（四）全面评价

考核评价制度是教师聘任制的核心环节，它贯穿教师管理的全过程，包括遴选、晋升、续聘、奖励等所有环节。评价考核是教师晋升、续聘、转岗、降聘以及绩效发放的重要依据，对于调动高校教师的积极性和创造性具有直接作用。考核评价体系要把握高校教师成长的规律和工作特点，完善评价标准，创新评价机制，科学客观公正评价，让教师更具获得感和成就感，激励教师人人尽展其才。

考核评价体系应充分考虑教师工作学术性、专业性、创造性、复杂性、自主性等特点，探索多元、开放的评价标准，而这一评价标准的基础应是教师的精细化分类管理。在评价考核中还应坚持程序透明公开，应建立具有权威的领导机构，制定严格的考核程序和工作办法，坚持成果公开展示和评价过程的公开透明，接受广大教职工的监督。

1. 评价考核应坚持的原则

（1）目标导向

考核评价要以明确的发展目标统领和指导评价考核工作，要以学校和教师的共同发展这一目标来引领发展思路和评价考核方向。要发挥正面引导作用，发挥评价考核对教师自身反思、总结、改进的作用及教师专业发展的促进作用。

（2）分类评价

由于高校教师工作内容具有学术性、复杂性和长期性的特点，应按照岗位分类管理的要求，建立健全符合各学科、各岗位特点的分类评价标准，对不同类型和层次的高校教师采取分类评价、多维评价和代表性成果评价。

（3）指标明确

具体的评价考核办法中，必须针对各类人员的教育教学、科学研究、社会服务等各方面的履岗业绩情况制定具体明确的指标要求，建立操作性强的考核指标体系。

（4）“量”“质”结合

在评价考核中应坚持定量与定性相结合，在明确考核“量”化的基础上，确立质量第一的评价导向，以服务人才培养需要、引领学术发展、弘扬先进文化的实质性贡献为标准，注重教学科研的创新性和实际应用价值，改变简单以数量评价业绩、评价人才的做法。

（5）方法多样化

教师是一个个体的存在，评价制度必须正视每个个体的独特性，以独特性为基础，尊重个人的尊严、价值、个性。评价方法的多样性是对教师个体差异的尊重和适应，也是对个人尊严的重视。因此，评价考核应采取自评与他评相结合，学生评议、同行评议、社会评议和组织评议相结合，通过建立多元化的评价手段和方法，最大程度地保证绩效考核的客观公平。

2. 评价考核的具体内容

根据高等学校的办学特点，可以从以下四个方面对高校教师开展评价考核。

（1）师德师风

将师德考核摆在教师考核评价的首要位置，对教师在师德师风方面表现的考核采取“奖优惩劣”的方式。以《教育部关于建立健全高校师德建设长效机制的意见》《新时代高校教师职业行为十项准则》《关于加强和改进新时代师德师风建设的意见》等文件为依据，倡导高尚的师德师风，强调教书育人的责任感和使命感。对师德师风方面有优异表现的教师在绩效考核中给予较大力度的倾斜和奖励，对具有例如学术不端等师德师风败坏行为的教师实行评价考核一票否决。

如中南大学聚焦师德师风，严格第一评价标准。学校先后成立师德建设委员会、党委教师工作部、学风建设领导小组等，完善师德评价制度设计，出台《关于在职称评审、岗位分级工作中加强思想政治把关的若干规定》《关于在人才引进工作中加强思想政治把关工作的实施意见》《中南大学教师政治学习制度》《中南大学教师师德失范行为处理办法（试行）》等师德评价系列制度，建立多部门联动的师德考核负面清单筛查制度，压实各二级单位主体责任，推动师德评价工作下沉、重心下移。实行全员、全过程、全方位师德评价，覆盖全体教师，涵盖教师招聘、职称评聘、评优奖励、研究生导师遴选、年度考核、聘期考核、项目申报等教师职业发展全过程，从理想信念、道德情操、扎实学识、仁爱之心四个方面全方位评价教师思想政治素质和师德师风。注重师德评价结果运用，在所有教师评价工作中落实师德失范行为“一票否决”，建立师德失范通报警示制度，师德评价结果直接进入教师个人档案。在学校新闻网持续推出“致敬中南良师”“中南共产党人”“爱国奋斗中南人”系列栏目，在“人事中南”微信平台和党委教师工作部、人事处部门网站持续推出“中南师范”“中南师言”“中南师心”系列栏目，展示优秀教师典型事迹。

（2）教育教学

①教学数量的要求。应根据学校教学工作的统一部署和规划，对承担的所有教学工作量进行核定和分类，对不同级别（本科教学、研究生教学等）、不同性质（必修课、选修课等）和不同形式（课堂教学、实践教学等）的教学工作进行科学划分和统计。在此基础上，对每一类岗位人员应承担的教学基本工作量标准做出明确规定。

②教学质量的要求。要在核定教师完成教学基本工作量的基础上，重点考查评价教学工作质量，并强调教书和育人两方面内容。对教学工作质量的评价应包括教学态度、教学工作规范、教学前期准备、教学能力、授课水平、课堂效果、作业批改、考试测验、学生反响等方面，通过学生评教、抽查督导、教师互相听课等多种评价方法，全面客观地评价教师教学工作质量，形成记录和评价结果，作为评估的有效依据。

（3）科学研究

①科研工作数量的要求。学校应根据科研工作发展目标和规划，对科研工作的发展目标进行科学分析和任务分解，将科研工作的各个方面指标（包括论文、著作、科研项目、经费、专利等）进行分学科分专业的划分与数量分解。在此基础上，各教学科研单位要结合各学科发展现状、队伍配备、研究实力、发展预期等情况，以及不同岗位教师承担科研任务的区别，对每一类岗位人员应承担的科研基本工作量标准做出明确规定。

②科研工作质量要求。在考核论文发表数量、科研经费数量、专利数量等量化指标的同时，必须加大对科研成果质量的要求和评价，积极推行优秀成果和代表作评价，对高水平的学术成果及创新性的研究工作应予以较大力度的倾斜和奖励。同时，应注重标志性成果的贡献、影响，突出体现对社会发展的实际贡献程度。

如中国地质大学（武汉）突出科研评价质量导向，制定《教职工激励约束机制改革方案》，坚决破除“五唯”，不将人才称号、论文数量、项目经费等与学术资源配置、绩效工资分配等简单挂钩。根据不同学科、不同岗位特点，实施分类评价，单独制定思想政治理论课教师、专职科研人员、成果转化和社会服务人员等系列岗位的聘用条件和评价标准。完善同行专家评议机制，对现有考核评价指标中未涉及或无法直接判定的科研成果，由学校学术委员会或其下设的专门委员会研究认定。坚持贡献为要，引导教师积极为经济社会发展作出实质性贡献，对取得重大理论创新成果、实现前沿技术突破、解决重大工程技术难题等在经济社会事业发展中作出重大贡献的教师，在考核和职称晋升中，经学校岗位聘用领导小组认定通过后，可对论文不作限制性要求。推行代表性成果评价，重点评价学术贡献，探索建立长周期评价和团队评价的长效机制，引导教师静心研究，产出更多高质量科研成果。

（4）社会服务

作为高等学校的重要功能之一，社会服务是专任教师履岗工作业绩中的重要组成部分，专任教师应主动关心学校、学院和学科专业的发展，积极发挥自身的专业优势，为学校事业发展、学院学科建设、学生培养、校园文化建设等方面建言献策、贡献力量；专任教师还应积极参与学校、学院及系所或所在单位组织的各类活动，为营造和谐团结、积极向上的集体氛围发挥重要作用。

各学院各单位应鼓励专任教师在推进产学研结合、科技成果转换、引领先进科技、促进协同创新、弘扬先进文化、助力区域经济社会发展、参与政府决策咨询等方面发挥重要作用，考核指标中应加入对专任教师在学术团体任职、政府挂职、产学研结合、文化创新、决策咨询、公共教育、志愿服务等多方面的内容，对社会服务工作的数量、质量层次、完成效果以及取得的经济社会效益做出明确评估和划分，对在上述等方面做出突出贡献的专任教师给予倾斜和奖励。如中南大学以成果转化运用、服务社会为导向，加强对知识产权质量，可转化的经济效益、社会效益和发展前景，决策咨询等指标的综合评价。取消对专利、标准等知识产权一经授权或颁布即可获得一次性奖励的做法，规定在相关科技成果转化后，按照每次收益情况分次对科技成果完成人和为成果转化作出重要贡献的其他人员予以奖励。将成果转化业绩、专利推广应用前景、决策咨询报告等成果应用情况纳入职称评审、岗位聘用的代表性成果范畴。注重对社会服务工作的激励，将疫情防控、对口支援等工作的实际业绩、贡献和成果作为职称评审、岗位聘用的重要内容和依据，临床救治情况、病案病例、技术推广等可作为参评职称的代表性成果，对论文不作硬性要求。

3. 评价考核方式

要适应新的评价理念，体现新的评价目标，改变评价主体单一和过分量化、过分强调甄别和选拔的做法，重视教师的自我评价和同行评价，关注教师的专业发展。要推进同行专家评议，学校应建立校外评审专家库，邀请与申请人研究方向相同或相近的专家对申请人的代表性学术成果进行评议。还要推进学术委员会评议。学校或学院学术委员会/教授大会要听取申请人关于个人教学、代表性学术成果和学术发展规划的述职，对申请人是否达到申请职务的水平进行无记名方式的推荐评议。

例如，复旦大学不断推进教师评价机制改革，破除“五唯”顽瘴痼疾。一是学校坚持分类指导，健全科学的人才分类评价体系。学校遵循人才成长规律，分类建立体现不同岗位、不同层次人才特点的评价机制，科学客观公正地评价人才。以职称评审为例，学校分类建立了 16 个系列职称评聘体系，分系列制定职称评审办法，避免“一把尺子量到底”。对于教师主体，从进校即明确区分为教学为主型、教学科研并重型和科研为主型三种岗位类型，在职称晋升时分别根据《教师高级职务聘任实施办法》《教学为主型岗位教师高级职务聘任实施细则》等文件实施分类评审。2019年进一步出台《智库研究系列高级职务聘任办法》，单设名额、单列实施。下一步，学校还将研究制定重大创新任务专任岗位高级职称晋升有关文件，鼓励专任岗位研究人员对标重大战略需求，主动承担国家和地方重大创新任务。二是科学设置评价标准，坚持凭能力、实绩、贡献评价人才。在人才评价改革过程中，学校着力解决评价标准“一刀切”的问题，注重发挥二级院系在人才评价中的主体作用，将评价标准制定权下放到院系，由各院系对标一流学科，坚持共通性与特殊性、水平业绩与发展潜力、定性与定量相结合的原则，建立科学合理、各有侧重，符合自身学科特点的评价标准。三是实行代表性成果评价。2009年，学校在人文社会学科开始探索“代表性成果”评价机制，推动人才评价从“量化导向”向“质量导向”转变。2012年，在认真总结经验的基础上，正式在全校推行“代表性成果”评价机制。2017年，根据“双一流”建设目标和要求，着力推行以综合准入标准为基础的“优秀代表性成果”评价机制，围绕师德师风、教书育人、科学研究、社会服务、专业发展等方面实施综合评价，克服“五唯”“SCI至上”等倾向，引导广大教师追求一流育人质量、一流学术成果和一流社会贡献。在内容方面，“代表性成果”评价机制注重质量和贡献，学校明确“代表性成果”应具有系统性、标志性、创新性，强调“代表性成果”应是解决所在学科领域的重要问题、关键难点，或者是应对关系国计民生和国家重大战略问题做出重要贡献，具有重要影响，并被所在学科领域普遍认可的重要成果。在形式方面，“代表性成果”既可以是教学方面的重要成果，如教材、教研教改论文、优秀教案等；也可以是有重要影响的学术成果，如著作、论文等；或者是重要的应用成果，如专利、软件著作权、咨政报告等。与以往的评价方式相比，“代表性成果”评价机制对“同行评议”的科学性与公正性具有更高的要求。复旦大学还不断完善校内外专家库建设，已建立起由数千名国内外高水平专家组成的校外专家库和数百名高水平专家组成的校内专家库，实施“小同行”精准评价。学校还不断完善同行评议的评价指标体系，指标体系涵盖学术贡献、学术活力、学术影响力、学术地位等指标，确保学术评价的科学合理。

总之，要完善教师考核评价制度，充分考虑教师劳动连续性、复杂性、创造性及个体自主性特点，按照公开、公平、公正的原则，积极探索多元、开放的评价途径，注重考核评价导向的针对性、评价标准的科学性和评价过程的规范性。克服单纯数量评价的倾向，更加重视质量评价，防止急功近利行为，引导教师积极投身教学和科研创新，创造出高质量、高水平的学术成果。要由奖惩性评价向诊断式、发展性评价转变，将评价目标转变到促进教师专业能力的成长和持续发展上。

应更加重视教师的“自评”的作用，给予教师充分展示自己的机会，通过教师“自评”，引导教师进行自我反省、自我激励。避免单纯的奖惩和评比，充分重视评价结果的解读和及时反馈，充分重视基于评价结果的发展建议。评价结果的反馈能对教师的心理起积极的调控作用，使他们可以根据评价的结果不断进行反思，可以促进教师对评价的理解并激发教师积极参与评价的主动性。通过反馈，评价者也能更全面地把握教师状况，从而帮助教师协调好组织期望的目标与个体发展目标的关系，帮助教师分析解决面临的问题，为教师的发展提供建设性意见。

（五）优劳优酬

教师的薪酬待遇是决定教师队伍整体素质、水平的重要因素之一，高校的薪酬对吸引和稳定人才、调动教师的积极性有重要作用。建立科学高效的激励机制，要将短期激励与长期激励相结合，将物质激励和精神激励相结合，应该充分体现高校教师职业和教师劳动的特点。国外高校教师的薪酬相比其他行业均处于较高水平。高校教师是社会中受教育水平较高的群体，收入水平偏低不利于教师队伍的整体发展，而且在国际市场上缺乏吸引力。因此，需要适度提高高校教师的薪酬水平，提高薪酬满意度。

目前高校普遍实行基本工资、绩效工资和津贴补贴三元结构的绩效工资分配模式。基本工资包括岗位工资和薪级工资，岗位工资主要体现所聘岗位的职责和要求，一岗一薪，岗变薪变；薪级工资主要体现教师的工作表现和资历，执行国家统一制定的政策和标准，体现相对公平和累进效率的成分。绩效工资主要体现教师的实绩和贡献。津贴补贴主要针对艰苦边远地区和特殊岗位。基于目前高校教师薪酬体系中基本工资所占比重偏低、保障功能相对不足的现状，应合理设置收入结构比例，处理好保障和激励的关系，在保障中求激励，从而体现高校教师职业的稳定性和安全性。要稳定提高基本工资、加大绩效工资分配激励力度、落实科技成果转化奖励等激励措施，使高校教师收入与岗位职责、工作业绩、实际贡献紧密联系，形成知识创造价值、价值创造者得到合理回报的良性循环，构建体现增加知识价值的收入分配机制。

高校要进一步落实以强化岗位职责和绩效考核为核心的收入分配制度改革，基于岗位设置、任务和考核，采取多种分配形式，正确发挥收入分配的杠杆和导向作用。分配要向业绩突出、做出突出贡献的教师倾斜，形成岗位、考核、实绩、贡献与绩效分配相匹配的分配机制。突出教师本位，激励教师潜心教学科研，产出高质量成果，真正体现“一流人才、一流业绩、一流报酬”。

高校还要健全符合中国特色现代大学特点的薪酬分配制度，积极探索年薪制、协议工资、项目工资等灵活多样的分配形式和分配办法。年薪制透明度高、竞争力强、结构简单、操作灵活，得到了高校和社会的普遍认可，许多高校已针对高层次人才进行了实践。下一步可以逐步扩大年薪制实施范围，使年薪制成为高校教师收入分配制度的主体。

还应进一步建立健全科学合理的高校绩效工资总量确定机制和正常增长机制，构建体现增加知识价值的收入分配机制。一方面，国家要不断深化改革，进一步完善人事薪酬制度，根据国民经济发展及各行业工资水平等状况核定高校的工资总额，逐步按市场机制确定收入水平，保持高校人才的竞争力。《教育部等六部门关于加强新时代高校教师队伍建设改革的指导意见》中也提出，探索建立高校薪酬水平调查比较制度，健全完善高校工资水平决定和正常增长机制，在保障基本工资水平正常调整的基础上，合理确定高校教师工资收入水平，并向高层次人才密集、承担教学科研任务较重的高校加大倾斜力度。另一方面，高校应当建立薪酬体系动态调整机制，根据社会整体物价浮动水平、所在城市房价上涨幅度、相关政策法规修订等实际情况，以一定周期对薪酬体系进行调整，以实现高校薪酬改革对教师持续激励的目的。

薪酬福利对教师有着重要意义，不仅是物质上的满足，还包含着成就和地位激励。因此还应积极探索丰富灵活的薪酬福利管理办法，满足教师需求的多样性与动态性。例如可以为青年教师提供学习的机会，为年长教师设计更多养老、休假等方面的福利，从而满足教师在荣誉、发展和生活等方面的需求。总之，要正确处理短期激励和长期激励、物质需求和精神需求的关系，才能发挥好薪酬在稳定教师队伍、吸引优秀人才上的重要作用。

（六）保障权益

高校教师除了享有一般的社会权利，还享有职业本身所赋予的专业方面的权利——在遵守有关法律和规定基础上的教育教学、科学研究、学术交流等方面的自由和自主权。

聘任制改革不仅要激发教师的创造力和竞争力，更要保障教师的合法权益和平等地位，应将目前国内许多高校实施的准聘（预聘）-长聘制的核心理念从筛选淘汰调整为保障教师权益。“非升即走”的长聘制从表面上看来是一种教师遴选机制，但“终身聘用”的初衷并不在于筛选，重心不在“走”，而是在于保障教师的权益，重心在“留”，其核心理念更是为了保障教师的学术自由和职业安全。我国高校目前实施的长聘制定位大多是为了教师遴选，这在一定程度上的确有利于激励教师的工作积极性和提升绩效，但从长远来看并不利于高校教师的培养和发展。因此，我国高校在教师长聘制建立过程中，不应将手段曲解为目标甚至理念，而应结合自身的具体情况，参考美国高校教师长聘制的制度逻辑，将保障教师权益作为制度的核心理念，使教师通过获得长聘教职而享有学术自由和权利保障，如此才能激励新进教师积极奋进。

在教师聘任过程中，有时会出现教师与所在单位、所在学校及教师之间的一些争议，如聘任结果公正与否、解聘原因认识分歧、合同规定是否合理等。如果这些争议不能得到及时调解、处理，可能会导致一些教师出现一些非理性的反应，甚至会影响到学校教师聘任制度的实施和学校其他工作的正常开展。而高校教师管理具有较强的学术专业性和自治性，部分聘用争议不属于司法管辖的范畴，因此可以完善行政申诉机制等行政处理模式。学校和教师在订立、履行或终止聘任合同时如果发生争议，可以通过协商、调解、仲裁等途径予以解决。

高校内部应建立教师权益保护机体协商和争议解决调解机制。首先，要建立和健全相应的争议解决处理机构，该机构要相对独立设置，并且应该是学校和教师双方都可以信赖的有一定权威的机构，该机构的人员要相对中立，可由学校行政、教师、工会组织三方代表组成。其次，应该制定相应的规程或规定，使争议申诉解决处理有章可循。学校申诉机构认定教师申诉的原处理结果或决定确有错误的，应当按照申诉处理程序提请撤销原处理结果或决定，及时予以纠正，切实维护教职工正当权益。争议涉及专业领域的，可以委托教学委员会、学术委员会、教授委员会等进行认定或界定。

教育行政主管部门或行业主管部门也应设立调解或行政调处机制，处理教师争议。教育行政部门在制定政策、解释政策、执行政策等方面有优势，在调停时能够依据内行的专业知识，并具有一定的行政裁量权，这都有利于争议的及时、有效解决。

同时，要坚持法律具有最高效力的原则，在法治的基础上实现社会主体的合作共赢和社会关系的和谐。当高校教师权益受到侵害后，通过法律对其权益予以恢复、补救和救济。

结　　语

人事制度的改革是为了使高校的人力资源得到合理调配及科学管理，从而增强学校的整体竞争力，促进学校事业的发展，最终达到保障广大教职员工根本利益的目的。我们不应把改革作为目的本身，如果改革是为了使人没饭吃，使教师失去安身的基本保证，何以得到教职工的支持呢？人事制度改革，主要是要改掉那些妨碍高校和教师发展的不合理制度和机制，从而建立一种新的合理的、更合乎人性、更合乎教师发展规律的制度和机制，从而让教师有更高的获得感、成就感。

高校教师聘任制改革扭转了传统高校人事管理的低效局面，初步构建了一种富有活力的选人用人制度。但是，聘任制在实行中也出现了一些弊端：考核评价中工具理性泛滥，片面强调数量，以简单的论文、项目、获奖数量来衡量学术水平；教师间过度竞争，作为聘任活动主体的教师成了没有自主性和创造性的被支配的对象；聘任制成了一种学术锦标赛的工具，聘任制也从调动教师积极性，促进高校教师发展的制度异化为压制高校教师主体性的制度。

马克思主义哲学是科学的世界观和方法论，能够指导我们更好地认识世界和改造世界。作为马克思主义哲学的重要组成部分，马克思主义人本思想重视人的价值和人的能动性、创造精神，并将人的自由全面发展作为人类发展的终极目标。马克思主义人本思想指导下的高校教师聘任制改革就是为了调动高校教师的主动性、积极性和创造性并促进教师的发展。我们要以马克思主义人本思想来“积极地思考建设新形式的现代教育制度文明的可能性和途径，探讨教育制度建设的道路、途径和方法，努力避免教育制度建设过程中出现形式上的自由、平等、公平、正义、民主、法治，实际上是新的奴役结局，努力以马克思主义所追求的新的教育制度文明价值校正教育实践中的偏差……促进教育制度建设的健康发展”①。

当今时代，无论是从人类发展阶段看，还是从中国社会发展和教育发展的现实看，“人”都是这个时代关注的核心。制度是为人而存在，而不是人为制度而存在。人是制度的主体，人推动着制度变迁及其创新；制度作为规则体系和社会关系体系，是人的主体性在历时性和共时性上的固化和对象化。随着这种历时性的延伸和共时性的扩展，制度也会成为这种发展的一种制约力量而成为被替代的对象并最终导致新的制度安排出现。不可否认，近些年我国高校教师聘任制改革不能说不以人为本，也不能说不关注教师的存在，更不能说不注重教师的主体性弘扬。而马克思主义人本思想指导下的高校教师聘任制改革则是要建立和完善一个能够促进人的自由发展，激发教师的积极性和创造性并推动学术发展的“活”的制度。在这种制度下，教师的积极性、主动性、能动性、创造性和潜能可以得到最大限度的发挥。高校教师聘任制度设计要坚持追求效率与以人为本相结合，即在强调高校教师聘任制度效率导向的同时，还要构建有利于人的自由全面发展的制度。制度要坚持以人为本的价值原则，以促进人的自由全面发展为价值导向。

我国高校人事制度改革仍处于不断探索完善的过程中，基于发展阶段、发展环境和发展水平上的差别，我国高校教师聘任制改革必须综合考虑现有的制度环境，还要考虑到我国民族文化的传承发展和自身的体制机制特点。同时，我国有 2 700 多所大学，各高校的校情差异很大，在教师聘任制设计时，还要综合考虑我国不同高校的具体状况与条件，既保留自身传统的优势，又要充分吸收国内外教师聘任制改革中一些被证明是行之有效的经验，而不是简单地移植成功模式，盲目地追求接轨。各高校应根据自身实际，尝试和探索适合各自校情的教师聘任制模式。只有建立适合各自学校实际和历史传统的制度，才能使制度更具科学性、针对性和可靠性，才能为教师所接受，也才能促进学校的发展。

聘任制改革作为高校人事制度改革的重点，是一项具有根本性、基础性、长期性的用人制度建设，直接关系到广大教职工的切身利益，相较于其他改革而言更为复杂。高校教师聘任制改革是一场思想观念的深

① 李江源，敬仕勇，沈成明. 走向自由：教育制度与人的全面发展［M］. 成都：四川教育出版社，2011 年版.

刻变革，体制机制的重要转变，利益关系的重大调整。高校教师人事制度改革既是一个利益重新分配的过程，也是一个制度的重构过程，是在发展的时代重新寻找新的平衡点，通过对这些关系及其机制的调整，使其接近并最终实现根本目的。如何既遵循学术工作的基本规律，保持教师队伍的稳定，又使教师有合理的流动，保证人力资源的效率，在两者之间找到一个恰当的平衡，是高校人事制度改革的关键。这需要循序渐进，重点突破，整体推进。

改革既要态度坚决，积极推进，又要以人为本，有情操作。在实施聘任制改革时，指导思想、基本原则及具体标准的确定，都要从发挥教师的主体作用出发，充分体现以人为本的精神，不断提高教师队伍的整体素质和教师个人的创新能力；从文件制定到组织实施，都要充分依靠和信赖广大教师，体现公开、公平、公正。

高校作为教学科研组织有其独特性，需要一支相对稳定的优秀学术队伍，一方面要提高教师队伍的活力，另一方面更要促进教师队伍的发展。“大学之所以成为大学，核心在于有容乃大……对于那些以学术为生存方式的学者，大学应该给他们良好宽松的学术环境和生活空间，给他们以足够的经费支持，而不应该有过多的规划上的要求，不应该以量化管理来制约其创造力。”① 因此，高校教师聘任制改革应在马克思主义人本思想的指导下，从教师出发，以教师为本，回归到甄选优秀人才和保障学术自由这两大本真功能上，并不断促进教师的发展，只有这样，聘任制度才能行稳致远。

① 黄达人. 大学的观念与实践［M］. 北京：商务印书馆，2011 年版.

参考资料

一、著作类资料

[1] 马克思恩格斯文集（第一—十卷）[M]. 中共中央马克思恩格斯列宁斯大林著作编译局编译. 北京：人民出版社，2009.

[2] 马克思恩格斯选集（第一—四卷）[M]. 中共中央马克思恩格斯列宁斯大林著作编译局编译. 北京：人民出版社，2012.

[3] 胡锦涛文选（第一—三卷）[M]. 北京：人民出版社，2016.

[4] 习近平谈治国理政 [M]. 北京：外文出版社，2014.

[5] 习近平谈治国理政（第二卷）[M]. 北京：外文出版社，2017.

[6] 邓晓芒，赵林. 西方哲学史 [M]. 北京：高等教育出版社，2014.

[7] 郭齐勇. 中国哲学史 [M]. 北京：高等教育出版社，2006.

[8] 张岱年，方克立. 中国文化概论 [M]. 北京：北京师范大学出版社，1994.

[9] 魏金声. 人本主义与存在主义研究 [M]. 北京：人民出版社，2014.

[10] [英] 阿伦·布洛克. 西方人文主义传统 [M]. 董乐山，译. 北京：生活·读书·新知三联书店，1997.

[11] 陈先达，杨耕. 马克思主义哲学原理（第5版）[M]. 北京：人民大学出版社，2019.

[12] 崔秋锁，付秀荣，丁立卿. 马克思人本思想研究 [M]. 北京：人民出版社，2014.

[13] 黄楠森. 人学的科学之路 [M]. 郑州：河南人民出版社，2011.

[14] 韩庆祥. 马克思的人学理论 [M]. 郑州：河南人民出版社，

2011.

［15］袁贵仁．马克思主义人学理论研究［M］．北京：北京师范大学出版社，2012.

［16］陈志尚，等．人学新论：马克思主义人学基本理论和重大现实问题研究［M］．北京：人民出版社，2015.

［17］陈尚伟．马克思哲学中的“以人为本”研究：对马克思人本思想的文本解读［M］．北京：学习出版社，2014.

［18］吴楠，朱虹．马克思人本思想的历史轨迹及其当代价值［M］．北京：中国社会科学出版社，2016.

［19］陶富源，陶庭马．马克思学说现实人本主题论［M］．芜湖：安徽师范大学出版社，2016.

［20］陈学明，等．西方马克思主义对人的存在方式的研究［M］．天津：天津人民出版社，2019.

［21］俞吾金．重新理解马克思：对马克思哲学的基础理论和当代意义的反思［M］．北京：北京师范大学出版社，2005.

［22］黄小寒．西方马克思主义经典著作导读［M］．北京：北京大学出版社，2012.

［23］周育国．马克思主义人本理念的当代视域［M］．北京：北京师范大学出版社，2013.

［24］张富文．马克思主义人本思想中国化研究［M］．北京：人民出版社，2019.

［25］中共中央党校马克思主义理论教研部，中国马克思主义研究基金会．马克思主义关于人的学说［M］．北京：人民出版社，2011.

［26］麦克莱伦．马克思以后的马克思主义（第3版）［M］．李智，译．北京：中国人民大学出版社，2016.

［27］魏新强．基于马克思主义人本观的企业道德责任研究［M］．北京：中国社会科学出版社，2016.

［28］黄德良．人本行政管理［M］．上海：上海大学出版社，2002.

［29］王道俊，郭文安．教育学［M］．北京：人民教育出版社，2009.

［30］王道俊，郭文安．主体教育论［M］．北京：人民教育出版社，2005.

［31］王坤庆. 精神与教育：一种教育哲学视角的当代教育反思与建构［M］. 上海：上海教育出版社，2002.

［32］王坤庆. 现代教育哲学［M］. 武汉：华中师范大学出版社，1996.

［33］王坤庆. 教育哲学新编［M］. 武汉：华中师范大学出版社，2010.

［34］石中英. 教育哲学［M］. 北京：北京师范大学出版社，2007.

［35］叶澜. 教育概论［M］. 北京：人民教育出版社，1991.

［36］冯建军. 回归本真："教育与人"的哲学探索［M］. 北京：中国人民大学出版社，2019.

［37］涂艳国. 走向自由：教育与人的全面发展问题研究［M］. 武汉：华中师范大学出版社，1999.

［38］涂艳国. 教育评价［M］. 北京：高等教育出版社，2007.

［39］岳伟. 批判与重构：人的形象重塑及其教育意义探索［M］. 武汉：华中师范大学出版社，2009.

［40］刘黎明. 教育学视阈中的人：基于马克思主义人学的思考［M］. 北京：科学出版社，2010.

［41］李江源，敬仕勇，沈成明. 走向自由：教育制度与人的全面发展［M］. 成都：四川教育版社，2011.

［42］周光迅，方建中，吴小英. 哲学视野中的高等教育［M］. 青岛：中国海洋大学出版社，2006.

［43］潘懋元，王伟廉. 高等教育学［M］. 福州：福建教育出版社，2013.

［44］杨德广. 高等教育学概论（修订版）［M］. 上海：华东师范大学出版社，2010.

［45］姚启和. 高等教育管理学［M］. 武汉：华中科技大学出版社，2000.

［46］别敦荣. 高等教育管理探微［M］. 厦门：厦门大学出版社，2021.

［47］［美］约翰·S. 布鲁贝克. 高等教育哲学［M］. 王承绪，等译. 杭州：浙江教育出版社，2001.

［48］［美］伯顿·R. 克拉克. 高等教育系统：学术组织的跨国研究

[M]. 王承绪，等译. 杭州：杭州大学出版社，1994.

[49] 张楚廷. 高等教育哲学通论 [M]. 北京：高等教育出版社，2010.

[50] 贺国庆，王保星，朱文富. 外国高等教育史 [M]. 北京：人民教育出版社，2006.

[51] 熊庆年. 高等教育管理引论 [M]. 上海：复旦大学出版社，2007.

[52] 王孙禺. 高等教育组织与管理 [M]. 北京：高等教育出版社，2008.

[53] 薛天祥. 高等教育管理学 [M]. 桂林：广西师范大学出版社，2001.

[54] 王承绪，顾明远. 比较教育 [M]. 北京：人民教育出版社，2012.

[55] [英] 约翰·亨利·纽曼. 大学的理想 [M]. 徐辉，顾建新，何曙荣译. 杭州：浙江教育出版社，2006.

[56] 陈永明，朱浩，李显辉. 大学理念、组织与人事 [M]. 北京：中国人民大学出版社，2007.

[57] 董泽芳. 理念与追求：大学发展的思考与探索 [M]. 武汉：华中师范大学出版社，2018.

[58] 黄达人. 大学的观念与实践 [M]. 北京：商务印书馆，2011.

[59] 黄达人，等. 大学的治理 [M]. 北京：商务印书馆，2013.

[60] 张维迎. 大学的逻辑 [M]. 北京：北京大学出版社，2004.

[61] 杨寅平. 现代大学理念构建 [M]. 北京：中央编译出版社，2005.

[62] 王晓辉，刘敏. 理念与制度：现代大学治理 [M]. 济南：山东教育出版社，2014.

[63] 黄建如. 比较高等教育：国际高等教育体系变革比较研究 [M]. 北京：社会科学文献出版社，2008.

[64] 钟秉林. 大学的走向 [M]. 北京：商务印书馆，2015.

[65] 钱颖一. 大学的改革 [M]. 北京：中信出版社，2016.

[66] 钱理群，高远东. 中国大学的问题与改革 [M]. 天津：天津人民出版社，2003.

[67] 李子江. 学术自由：大学之魂 [M]. 北京：中国社会科学出版社，2012.

[68] 林建华. 大学的改革与未来 [M]. 上海：东方出版中心，2018.

[69] 胡建华，王建华，陈何芳. 大学内部治理论 [M]. 南京：南京师范大学出版社，2020.

[70] 汪敏. 《事业单位人事管理条例》理解与适用 [M]. 北京：法律出版社，2014.

[71] 管培俊. 高校人事制度改革与教师队伍建设 [M]. 北京：北京师范大学出版社，2015.

[72] 刘献君，等. 中国高校聘任制研究：基于学术职业管理的视角 [M]. 北京：科学出版社，2009.

[73] 李军锋. 转型背景下高校人事、劳动争议判解研究 [M]. 北京：法律出版社，2011.

[74] 郭卉. 权利诉求与大学治理：中国大学教师利益表达的制度运作 [M]. 青岛：中国海洋大学出版社，2009.

[75] [德] 尤塔·默沙伊恩. 大学治理与教师参与决策 [M]. 魏进平，马永良，等译. 北京：知识产权出版社，2014.

[76] 李昕. 日本大学办学个性化研究 [M]. 南京：南京师范大学出版社，2016.

[77] 程星. 细读美国大学（第三版） [M]. 北京：商务印书馆，2015.

[78] [美] 菲利普·G. 阿特巴赫. 变革中的学术职业：比较的视角 [M]. 别敦荣，主译. 青岛：中国海洋大学出版社，2006.

[79] [美] 亚瑟·科恩. 美国高等教育通史 [M]. 李子江，译. 北京：北京大学出版社，2019.

[80] 顾建民. 自由与责任：西方大学终身教职制度研究 [M]. 杭州：浙江教育出版社，2007.

[81] 李宝斌. 转型时期通往教育自觉的高校教师评价 [M]. 北京：社会科学文献出版社，2014.

[82] 叶芬梅. 当代中国高校教师职称制度改革研究 [M]. 北京：中国社会科学出版社，2009.

[83] 董克用. 中国教师聘任制 [M]. 北京：中国人事出版社，2008.

[84] 张勇敏，吴振宇. 从身份到契约：高校教师聘用制改革法律问题研究 [M]. 杭州：浙江大学出版社，2020.

[85] 谢绳武. 教师职务聘任与队伍建设 [M]. 厦门：厦门大学出版社，2001.

[86] 黄明东，等. 研究型大学师资队伍发展研究 [M]. 武汉：武汉大学出版社，2011.

[87] 黄维德，董临萍. 人力资源管理（第五版）[M]. 北京：高等教育出版社，2019.

[88] 徐谡. 高校人力资源管理 [M]. 北京：清华大学出版社，2016.

[89] 钟惠英. 高校教师柔性管理研究 [M]. 长沙：湖南师范大学出版社，2004.

[90] 马俊杰，曾湘泉，杨伟国. 大学人力资源管理 [M]. 北京：中国人民大学出版社，2007.

二、期刊类资料

[1] 刘放桐. 现代西方人本主义哲学思潮的来龙去脉（上）[J]. 复旦学报（社会科学版），1983，(3).

[2] 刘永富. 关于人本主义的若干问题：为考察世纪之交的哲学走向而作 [J]. 武陵学刊，1996，(4).

[3] 李万军. 西方人本主义思潮的生成及其流变 [J]. 华中科技大学学报（社会科学版），2014，(6).

[4] 胡敏中. 论人本主义 [J]. 北京师范大学学报（社会科学版），1995，(4).

[5] 宋宁娜. 西方人本主义教育思潮评述 [J]. 苏州大学学报（哲学社会科学版），2001，(1).

[6] 张奎良. 以人为本的世界历史意义 [J]. 天津社会科学，2006，(3).

[7] 江天骥. 科学主义和人本主义的关系问题 [J]. 哲学研究，1996，(11).

[8] 陈义珍. 马克思对费尔巴哈人本主义和自然主义的继承和超越

[J]. 求索，2012，(5).

[9] 李天莉. 马克思的人本学说及其伦理启示 [J]. 理论月刊，2007，(1).

[10] 林俊风. 马克思主义人学视野中的人本管理 [J]. 中共福建省委党校学报，2002，(9).

[11] 马文祥. 21 世纪中国人本思想研究述评 [J]. 中国特色社会主义研究，2006，(3).

[12] 韩昌跃. 论马克思主义人本发展观：当代中国人的发展研究系列 [J]. 理论月刊，2012，(4).

[13] 赵敦华. 西方人本主义的传统与马克思的“以人为本”思想 [J]. 北京大学学报（哲学社会科学版），2004，(6).

[14] 姚德利. 论马克思主义人的发展的权利内涵 [J]. 当代世界与社会主义，2009，(3).

[15] 孙正聿. 构建当代中国马克思主义哲学学术体系 [J]. 哲学研究，2019，(4).

[16] 孙正聿，王海锋. 用理论照亮现实：马克思主义哲学中国化的百年回顾与展望 [J]. 社会科学战线，2021，(1).

[17] 张富文. 马克思的人本思想概念之探析 [J]. 上海行政学院学报，2009，(1).

[18] 王刚，李锦平. “以人为本”的管理理念与高校教师队伍建设 [J]. 甘肃社会科学，2011，(5).

[19] 陈治亚. 以人性化思维推进高校综合改革 [J]. 中国高校科技，2015，(3).

[20] 赵兴良. 马克思的人本思想及其当代价值 [J]. 江西社会科学，2013，(9).

[21] 宝成关，胡锐军. 中国特色社会主义人本思想的理论基础和思想渊源 [J]. 政治学研究，2013，(1).

[22] 彭舸珺，郭建东. 基于马克思主义人学维度的人本管理及其实践 [J]. 甘肃社会科学，2012，(2).

[23] 熊晓琳，马超林. 马克思“人的全面发展”思想在当代中国的发展与实践 [J]. 学校党建与思想政治教育，2017，(5).

[24] 侯长林. 马克思恩格斯的大学理想 [J]. 学术探索，2021，

(7).

[25] 张杰. 推进以人为本的制度激励 构建现代大学治理体系 [J] 中国高等教育，2014，(22).

[26] 王坤庆. 教师专业发展的境界：形成教师个人的教育哲学 [J]. 高等教育研究，2011，(5).

[27] 王坤庆. 人性、主体性与主体教育 [J]. 华中师范大学学报 (哲学社会科学版)，1997，(4).

[28] 侯平，乐欣，蔡立. 马克思主义人本思想指导高校人事制度改革初探 [J]. 理论与改革，2008，(1).

[29] 石中英. 回归教育本体：当前我国教育评价体系改革刍议 [J]. 教育研究，2020，(9).

[30] 李萍. 高校人事制度改革的哲学思考 [J]. 中国高等教育，2005.

[31] 邬小平，田川. 从工具理性到价值理性：我国高校教师考核评价的政策转向 [J]. 现代教育管理，2019，(5).

[32] 姜勇. 新公共管理主义视野下高等教育改革的方向与挑战 [J]. 高教探索，2011，(1).

[33] 刘新敏. 当前我国高等教育的价值取向研究：基于马克思主义人学理论的视域 [J]. 高教探索，2021，(5).

[34] 杨小芳，贺武华. 新管理主义对公共教育改革的影响及其反思 [J]. 教育发展研究，2013，(10).

[35] 李立国. 建立符合高校教师工作特点的学术评价体系 [J]. 清华大学教育研究，2019，(1).

[36] 李立国. 学术评价与教师治理 [J]. 国家教育行政学院学报，2020，(1).

[37] 白明亮，孙中举. 从管理者到教师：基于人视角下的高校教师考核评价思考 [J]. 教育理论与实践，2017，(16).

[38] 杜楠，周福盛. 论教育评价中人的理性回归：从“抽象的人”到“具体的人”[J]. 中国考试，2021，(9).

[39] 张泳，张焱. 分类发展视角下的高校教师绩效评价体系构建：基于德尔菲法的调查研究 [J]. 高教探索，2018，(8).

[40] 周海涛. 试论一流大学教师队伍建设 [J]. 现代大学教育，

2003，(5).

[41] 李秀芳，冯振宇. 新形势下高校师资队伍建设问题的思考 [J]. 陕西师范大学学报 (哲学社会科学版)，2005，(A1).

[42] 庄晨忠. 高校教师队伍管理探析 [J]. 福州大学学报 (哲学社会科学版)，2001，(3).

[43] 何祥林. 从人本管理视角认识和加强高校教师队伍建设 [J]. 中国高等教育，2008，(23).

[44] 许军林. 高等学校人事制度改革面临的问题与对策研究 [J]. 广西民族学院学报 (哲学社会科版)，2001，(A2).

[45] 吕玉刚. 深化高校人事制度改革的几点思考 [J]. 中国高等教育，2005，(7).

[46] 卢晓中. 现代大学制度构建的人文向度 [J]. 中国高教研究，2020，(5).

[47] 王建华. 人才竞争、资源配置与理念重审：关于“双一流”建设的若干思考 [J]. 中国高教研究，2019，(1).

[48] 孙绵涛，李莎. 是“绩效”还是“效能”：中国“双一流”建设评价标准的价值取向研究 [J]. 现代教育管理，2020，(10).

[49] 纪宝成. 以改革精神把教师聘任制完善和实施好 [J]. 中国高等教育，2005，(7).

[50] 张维迎.《北京大学教师聘任和职务晋升制度改革方案》(征求意见稿) 的十四点说明 [J]. 学术界，2003，(5).

[51] 陈永明. 大学教师聘任制是把双刃剑 [J]. 集美大学学报 (教育科学版)，2003，(3).

[52] 赵志鲲. 我国大学教师聘用制度改革探析 [J]. 黑龙江高教研究，2010，(2).

[53] 张万朋. 中外高校教师聘用制度的比较研究 [J]. 江苏高教，1998，(3).

[54] 黄伟. 深化高校教师职务聘任制改革的若干思考 [J]. 中国高等教育，2003，(2).

[55] 王寰安. 高校实施教师聘任制的现状调查及政策建议 [J]. 高等教育研究，2008，(2).

[56] 卢威. 我国高校需要什么样的聘任制改革 [J]. 教育发展研究.

2020，(3).

[57] 赵克高. 人治：教职工聘任制应解决的首要问题 [J]. 教育理论与实践，2008，(A1).

[58] 郭卉. 浅析高校教师聘任制中教师利益的保护 [J]. 高教探索，2008，(3).

[59] 黎庆兴，李德显. 教师权利保障视域下地方高校教师聘任制的反思与重构：基于J省12所公办本科高校的实证研究 [J]. 当代教育论坛，2021，(2).

[60] 赵敏，刘献军. 论教师聘任制的伦理原则 [J]. 教育研究与实验，2005，(1).

[61] 雷华. 从管理到治理转型：高校教师聘任工作"多元参与治理"模式 [J]. 江苏高教，2017，(7).

[62] 刘经南. 深化教师职务聘任改革 促进高校人才队伍建设 [J]. 中国高等教育，2006，(2).

[63] 吴高臣. 刚柔相济：高校教师聘任制之完善 [J]. 中国行政管理，2007，(7).

[64] 祁占勇，陈鹏. 我国高校教师聘任制的困境及理性选择 [J]. 陕西师范大学学报（哲学社会科学版），2009，(4).

[65] 孙华，郭荣. 新中国70年高校教师职称制度的历史演进：基于历史制度主义的分析范式 [J]. 教育学术月刊，2020，(9).

[66] 熊华军，贾思蕾，冯梅. 美国大学章程中教师的权利和责任 [J]. 高等教育研究，2016，(4).

[67] 顾永红. 美国大学教师聘任制度的变迁及启示 [J]. 国家教育行政学院学报，2012，(10).

[68] 杨丽君. 美国大学教师聘任制改革及对我国的启示 [J]. 江苏高教，2011，(3).

[69] 李子江，杨雪芬. 美国大学非终身教职教师权益保障研究：基于美国大学教授协会的经验与反思 [J]. 中国高教研究，2021，(1).

[70] 王名扬，秦惠民，王苏阳. 美国大学现行教师评聘制度的特点、成因与影响研究 [J]. 中国高教研究，2020，(11).

[71] 刘虹. 美国高校教师长聘制的基本要素、内在机理及其启示：基于加州大学的分析 [J]. 高校教育管理，2020，(6).

[72] 张凌云. 主动与渐进：德国高校教师聘任制度的特点与改革动向 [J]. 高等教育研究，2009，(5).

[73] 叶强. 德国高校青年教授职位设置的争议解决及其启示 [J]. 中国高教研究，2018，(1).

[74] 王梅，赵亚平，安蓉. 德国大学教师绩效管理体系及其特点：以慕尼黑工业大学为例 [J]. 外国教育研究，2016，(2).

[75] 陈艺波. 德国高校教师制度理念探析 [J]. 比较教育研究，2009，(2).

[76] 彭湃. 德国大学教师聘任制改革及其启示：以初级教授职位的引入为例 [J]. 外国教育研究，2015，(2).

[77] 张文静，杨诗嘉. 从“终身”走向“任期”：日本高校人事管理制度的思考 [J]. 国家教育行政学院学报，2017，(10).

[78] 秦东兴. 推动终身教职制：日本政府与高校招揽扶持年轻研究者的新举措 [J]. 外国教育研究，2020，(3).

[79] 张俊超. 从教授会自治到大学法人化：日本大学教师聘任制的改革趋势及启示 [J]. 高等教育研究，2009，(2).

[80] 韩小娇，高军. 日本大学教师学术评价的理念、内容及方法 [J]. 高教发展与评估，2013，(2).

[81] 葛新斌，姜英敏. 日本大学教师评估制度改革动向分析 [J]. 比较教育研究，2004，(9).

[82] 傅凰. 日本大学的教师任用制度探析 [J]. 黑龙江高教研究，2009，(5).

[83] 鲍威，姚锦祥，闵维方. 法人化改革后日本国立大学教师人事管理制度的变革：从稳定保障型向流动竞争型的过度 [J]. 清华大学教育研究，2020，(2).

[84] 邱秀芳. 国外高等学校教师聘用制度探析 [J]. 黑龙江高教研究，2010，(11).

[85] 孙英. 基于效率与公平视角的高校收入分配制度研究 [J]. 四川大学学报（哲学社会科学版），2014，(2).

[86] 徐雷. 我国高校教师差异化聘用格局的表现、成因及评价 [J]. 湖南师范大学教育科学学报，2020，(2).

[87] 阎光才. 高校教师聘任制度改革的轨迹、问题与未来去向 [J].

中国高教研究，2019，(10).
[88] 张端鸿，王晨. 中国高校长聘教师制度的战略选择与制度风险 [J]. 高等教育研究，2020，(7).
[89] 朱军文，马春梅，李燕超. 从打破“铁饭碗”到重建“终身制”：研究型大学教师聘用改革的悖论与反思 [J]. 高等教育研究，2017，(5).
[90] 胡海青. 中国大学教师聘任制改革的回顾与展望：基于理性选择制度主义分析 [J]. 现代大学教育，2010，(3).
[91] 吴英策，周海涛，朱泽峰. 高校教师队伍建设的现状与对策：基于 7 所高水平大学师资队伍建设的调研分析 [J]. 西北工业大学学报 (社会科学版)，2020，(2).
[92] 胡娟. “双一流”建设中教师聘任与评价制度改革反思 [J]. 苏州大学学报 (教育科学版)，2020，(2).
[93] 徐雷，高媛. 高校教师聘用制的制度逻辑与演进路径 [J]. 高校教育管理，2018，(3).
[94] 思林. 上海高校教师职务聘任制的实践与思考 [J]. 上海高教研究，1997，(A1).
[95] 谷成. 注重高校教师工作特点　优化绩效评价体系 [J]. 高校教育管理，2010，(4).
[96] 蔡连玉，张迅. 我国高校“预聘-长聘制”绩效工具化及其治理研究 [J]. 高教管理，2021，(5).
[97] 李连梅，姜林. 中国大学“准聘-长聘”制度的缘起、困境与走向 [J]. 现代教育管理，2021，(7).
[98] 任可欣，余秀兰. 生存抑或发展：高校评聘制度改革背景下青年教师的学术行动选择 [J]. 中国青年研究，2021，(8).

三、文件类资料

[1] 关于实行专业技术职务聘任制度的规定
[2] 中华人民共和国教师法
[3] 中华人民共和国教育法
[4] 中华人民共和国高等教育法
[5] 关于当前深化高等学校人事分配制度改革的若干意见
[6] 关于深化高等学校人事制度改革的实施意见

[7] 关于印发《关于加快推进事业单位人事制度改革的意见》的通知

[8] 国务院办公厅转发人事部关于在事业单位试行人员聘用制度意见的通知

[9] 事业单位岗位设置管理试行办法

[10] 人事部 教育部关于印发高等学校、义务教育学校、中等职业学校等教育事业单位岗位设置管理的三个指导意见的通知

[11] 中共中央办公厅 国务院办公厅印发《关于进一步深化事业单位人事制度改革的意见》的通知

[12] 高等学校章程制定暂行办法

[13] 事业单位人事管理条例

[14] 统筹推进世界一流大学和一流学科建设总体方案

[15] 中共中央办公厅 国务院办公厅印发《关于分类推进人才评价机制改革的指导意见》的通知

[16] 中共中央 国务院关于全面深化新时代教师队伍建设改革的意见

[17] 中共中央 国务院深化新时代教育评价改革总体方案

[18] 教育等六部门关于加强新时代高校教师队伍建设改革的指导意见

附　　录

人力资源和社会保障部 教育部关于深化高等学校教师职称制度改革的指导意见

人社部发〔2020〕100号

各省、自治区、直辖市及新疆生产建设兵团人力资源和社会保障厅(局)、教育厅（教委、教育局)，中央和国家机关有关部委人事部门，教育部直属各高等学校：

高等学校教师（以下简称高校教师）是我国专业技术人才队伍的重要组成部分，是新时代推动国家教育事业发展和高层次人才培养的重要力量。为深入贯彻落实中共中央、国务院印发的《关于全面深化新时代教师队伍建设改革的意见》和《深化新时代教育评价改革总体方案》，按照《中共中央办公厅 国务院办公厅关于深化职称制度改革的意见》要求，进一步完善教师评价机制，激励广大高校教师教书育人，落实立德树人根本任务，推进高等教育内涵式发展，加快教育现代化，现就深化高校教师职称制度改革提出如下指导意见。

一、总体要求

（一）指导思想。以习近平新时代中国特色社会主义思想为指导，全面贯彻落实党的十九大和十九届二中、三中、四中、五中全会以及全国教育大会精神，遵循高校教师职业特点和发展规律，破除束缚高校教师发展的思想观念和体制机制障碍，分类分层，科学评价，充分调动广大高校教师的积极性和创造性，激发高校教师活力、动力，建设一支高素质、专业化、创新型教师队伍，为高等教育事业发展提供制度保障和人才支持。

（二）基本原则

1. 坚持以德为先，教书育人。以师德为先，以教学为要，以育人为本，提升师德师风要求，引导广大教师以德立身、以德立学、以德施教，突出教书育人实绩，培养德智体美劳全面发展的社会主义建设者和接班人。

2. 坚持以人为本，创新机制。把握高校教师成长的规律和工作特点，完善评价标准，创新评价机制，科学客观公正评价，让教师更具有获得感和成就感，激励教师人人尽展其才。

3. 坚持问题导向，精准施策。围绕高校教师职称评审重点难点及突出问题，有针对性地提出改革举措，增强高校教师职称制度改革的实效性。

4. 坚持分类实施，自主评价。根据不同类型、不同层次高校及教师特点，采用业绩水平与发展潜力、定性与定量评价相结合的方式，高校自主实施分类分层评价，政府依法宏观管理。

二、主要内容

深入贯彻高等教育领域“放管服”改革精神，加快转变政府职能，落实高校职称评审自主权，围绕健全制度体系、完善评价标准、创新评价机制，形成以人才培养为核心，以品德、能力和业绩为导向，评价科学、规范有序、竞争择优的高校教师职称制度。

（一）健全制度体系

1. 创新岗位类型。保持高校教师现有岗位类型总体不变，一般设有教学为主型、教学科研型等岗位类型。适应新时代教师队伍发展的需要，高校可根据自身发展实际，设置新的岗位类型。

2. 健全层级设置。高校教师职称一般设置初级、中级、高级，其中高级分设副高级和正高级。初级、中级、副高级、正高级职称名称一般依次是助教、讲师、副教授、教授。有条件的高校可探索实行教师职务聘任改革，设置助理教授等职务。

（二）完善评价标准

1. 严把思想政治和师德师风考核。贯彻习近平新时代中国特色社会主义思想，坚持社会主义办学方向，以理想信念教育为核心，以社会主义核心价值观为引领，把好思想政治关，将师德表现作为教师职称评审的首要条件。完善思想政治与师德师风考核办法，健全评价标准、体系及考核方案，提高考核评价的科学性和实效性。

2. 突出教育教学能力和业绩。高校应把认真履行教育教学职责作为评价教师的基本要求。加强教学质量评价，把课堂教学质量作为主要标准，严格教学工作量，强化教学考核要求，提高教学业绩和教学研究在评审中的比重。突出教书育人实绩，注重对履责绩效、创新成果、人才培养实际贡献的评价。

3. 克服唯论文、唯“帽子”、唯学历、唯奖项、唯项目等倾向。规范学术论文指标的使用，论文发表数量和引用情况、期刊影响因子等仅作为评价参考，不以 SCI（科学引文索引）、SSCI（社会科学引文索引）等论文相关指标作为前置条件和判断的直接依据。核心是评价研究本身的创新水平和科学价值。高校结合实际建立各学科高水平期刊目录和高水平学术会议目录。对国内和国外的期刊、高水平学术会议发表论文、报告要同等对待，鼓励更多成果在具有重要影响力的国内期刊和高水平学术会议发表。不得简单规定获得科研项目的数量和经费规模等条件。不得将出国（出境）学习经历作为限制性条件。不得将人才称号作为职称评定的限制性条件，职称申报材料不得设置填写人才称号栏目，取消入选人才计划与职称评定直接挂钩的做法。

4. 推行代表性成果评价。结合学科特点，探索项目报告、技术报告、学术会议报告、教学成果、著作、论文、标准规范、创作作品等多种成果形式，将高水平成果作为代表性成果。注重代表性成果的质量、贡献、影响，突出评价成果质量、原创价值和对社会发展的实际贡献以及支撑人才培养情况。注重质量评价，防止简单量化、重数量轻质量，建立并实施有利于教师潜心教学、研究和创新的评价制度。

（三）创新评价机制

1. 分类分层评价。结合学校特点和办学类型，针对不同类型、不同层次教师，按照教学为主型、教学科研型等岗位类型，哲学社会科学、自然科学、工程科技等不同学科领域，基础研究、应用研究等不同研究类型，通用专业、特殊专业等不同专业门类，建立科学合理的分类分层评价标准。职业院校要强化技术技能要求，加强“双师型”教师队伍建设。

2. 创新评价方式。鼓励采取个人述职、面试答辩、同行评议、实践操作、业绩展示等多种灵活评价方式，完善同行专家评议机制，健全完善外部专家评审制度，探索引入第三方机构进行独立评价。给内、外部评审专家预留充足时间进行评鉴，引导评审专家负责任地提供客观公正的专业评议意见，提高职称评价的科学性、专业性、针对性。注重个人评价与团队评价相结合，考察团队合作及社会效益，尊重和认可团队所有参与者的实际贡献。探索国防科技、公共安全等特殊领域人才评价办法。

3. 建立重点人才绿色通道。引导教师主动服务国家重大战略需求，注重工作实绩，其工作成果不简单以发表论文、获得奖项等进行比较评价。对取得重大基础研究和前沿技术突破、解决重大工程技术难题、在经济社会事业发展中做出重大贡献的教师以及招聘引进的高层次人才和急需紧缺人才等，在严把质量和程序的前提下，可制定较为灵活的评价标准，申报高级职称时论文可不作限制性要求，畅通人才发展通道。

4. 完善信用和惩戒机制。建立申报教师、评审专家及相关人员诚信承诺和诚信信息共享机制。申报教师职称评审中存在弄虚作假、学术不端的，按国家和学校相关规定处理。因弄虚作假、学术不端等通过评审聘任的教师，撤销其评审聘任结果。引导建立学术共同体自律文化，建立完善评审专家的诚信记录、利益冲突回避、履职尽责评价、动态调整、责任追究等制度，严格规范专家评审行为。对违反评审纪律的评审专家、党政领导和其他责任人员，按照有关规定处理。

5. 健全聘期考核机制。科学合理设置考核评价周期，聘期考核与年度考核、日常考核相互结合，并适当延长基础研究人才、青年人才等考核周期，把考核结果作为调整岗位、工资以及续订聘用合同的依据，完善退出机制，实现人员能上能下、能进能出。

（四）落实自主评审

1. 下放职称评审权。高校教师职称评审权直接下放至高校，自主组织评审、按岗聘用，主体责任由高校承担。高校要加强对院系的指导和监管，院系要将符合条件的教师向上一级评审组织推荐。条件不具备、尚不能独立组织评审的高等学校，可采取联合评审、委托评审的方式。高校自主制定教师职称评审办法、操作方案等评审文件，按相关规定进行备案。职称评审办法应包括教师评价标准、评审程序、评审委员会人员构成规则、议事规则、回避制度等内容。高校制定的教师评价标准不低于国家规定的基本标准，可结合实际明确破格条件。高校聘用研究人员等到教师岗位的，可结合实际制定职称评价具体办法。职业院校、应用型本科高校对特殊高技能人才可适当放宽学历要求。对长期在艰苦边远地区工作的高校教师，省级人力资源社会保障部门、教育行政部门可根据实际情况适当放宽学历和任职年限要求。

2. 加强监管服务。按照高校教师职称评审监管办法，加强对高校教师职称评审工作的监管，开展业务指导，搭建平台，优化服务，为高校教师职称评审提供支持。定期按一定比例开展抽查，根据抽查情况、群众反映或舆情反映较强烈的问题，有针对性地进行专项巡查，并将抽查、巡查情况通报公开。对因评审工作把关不严、程序不规范，造成投诉较多、争议较大的高校，责令限期整改。对整改无明显改善或逾期不予整改的高校，暂停其自主评审工作直至收回评审权，并进行责任追究。加强职称评审信息化建设，探索推广在线申报和评审，简化申报信息和材料报送等相关手续。

（五）优化思想政治工作评审

1. 规范思想政治理论课教师评审体系。思想政治理论课教师职称评审纳入单列计划、单设标准、单独评审体系，高级岗位比例不低于学校平均水平。建立符合思想政治理论课教师职业特点和岗位要求的评价标准，注重考查教学工作业绩和育人实效，将在中央和地方主要媒体上发表的理论文章等纳入思想政治理论课教师职称成果评价范围。

2. 强化教师思想政治工作要求。将学生思想政治教育工作作为教师的基本职责，把教师课程思政建设情况和育人效果作为评价的重要内容。晋升高一级职称的青年教师，须有至少一年担任辅导员、班主任等学生工作经历，或支教、扶贫、参加孔子学院及国际组织援外交流等工作经历，并考核合格。

（六）实行评聘结合

1. 高校根据国家有关规定自主设置岗位，结合岗位空缺情况开展教师职称评审，并将通过评审的教师聘用到相应岗位，实现教师职称评审与岗位聘用有效衔接。

2. 对此次改革前本高校评审通过、已经取得高校教师职称但未被聘用到相应岗位的人员，有关地方和高校要结合实际研究具体办法，妥善做好这部分人员择优聘用等相关工作。

三、组织实施

（一）加强领导，优化服务。深化高校教师职称制度改革，是进一步加强高校教师队伍建设，推进高校治理体系和治理能力现代化，推动高等教育科学发展的重要举措。各地区、各部门、各高校要高度重视，充分认识改革的重要意义，坚持党管人才原则，充分发挥党的思想优势、政治优势和组织优势，加强党的领导，周密部署，统筹协调。各有关部门要各司其职，协同配合，优化服务，为深化高校教师职称制度改革创造良好条件。

（二）严格程序，确保公正。各高校要按照职称制度改革要求，认真做好职称工作，确保标准公开、程序公平、结果公正。要建立健全职称工作机制，明确岗位任职条件，规范竞聘程序，严格公示制度，健全申诉机制，畅通意见渠道，强化自我监督，主动接受外部监督。

（三）科学谋划，稳妥推进。各地区、各高校要正确处理好改革、发展和稳定的关系，把推进高校教师职称制度改革与全面履行职责、加强教师队伍建设和促进高等教育事业发展有机结合起来，确保改革平稳有序进行。

本意见适用于普通高等学校，其他高等学校可参照执行。

附件：高等学校教师职称评价基本标准

人力资源社会保障部 教育部

2020 年 12 月 31 日

附件

高等学校教师职称评价基本标准

一、遵守国家宪法和法律，贯彻党的教育方针，自觉践行社会主义核心价值观，具有良好的思想政治素质和师德师风修养，以德立身，以德立学，以德施教，爱岗敬业，为人师表，教书育人。坚持教书与育人相统一、言传与身教相统一、潜心问道与关注社会相统一、学术自由与学术规范相统一。

二、具备教师岗位相应的专业知识和教育教学能力，承担教育教学任务并达到考核要求，按要求履行教师岗位职责和义务。

三、身心健康，心理素质良好，能全面履行岗位职责。

四、高等学校教师任现职以来，申报各层级职称，除满足上述基本条件外，还应分别具备以下条件：

（一）助教

1. 掌握基本的教学理念和教学方法，教学态度端正。协助讲授课程部分内容。将思想政治教育融入教学，在学生培养工作中做出积极贡献。

2. 具有一定的本专业知识。

3. 具备硕士学位；或具备大学本科学历或学士学位，见习1年期满且考核合格。

（二）讲师

1. 掌握基本的教学理念和教学方法，教学基本功扎实，教学态度端正，教学效果良好。承担课程部分或全部内容的讲授工作。将思想政治教育较好融入教学，在学生培养工作中做出积极贡献。

2. 具有扎实的本专业知识，具有发表、出版的学术论文、著作或教科书等代表性成果。

3. 具备博士学位；或具备硕士学位，并担任助教职务满2年；或具备大学本科学历或学士学位，并担任助教职务满4年。

（三）副教授

教学科研型

1. 治学严谨，遵循教育教学规律，教学经验较丰富，教学效果优良，形成有一定影响的教育理念和教学风格，在教学改革、课程建设等方面取得较突出的成绩。承担过公共课、基础课或专业课的讲授工作，教学水平高。将思想政治教育较好融入教学过程，在学生培养工作中做出较大贡献。

2. 具有本专业系统、扎实的理论基础和渊博的专业知识，具有较高水平的研究成果和学术造诣。具有发表、出版的有较大影响的学术论文、教学研究成果、著作或教科书等代表性成果，受到学术界的好评。参与过重要教学研究或科研项目，或获得代表本领域较高水平的奖项，或从事科技开发、转化工作以及相关领域的创造、创作，取得较为显著的经济效益和社会效益。

3. 具备大学本科及以上学历或学士及以上学位，且担任讲师职务满5年；或具备博士学位，且担任讲师职务满2年。

教学为主型

1. 治学严谨，遵循教育教学规律，教学经验较丰富，教学效果优良，形成有较大影响的教育理念和教学风格，在教学改革、课程建设等方面取得突出成绩。承担过公共课、基础课或专业课的系统讲授工作，教学水平高。将思想政治教育较好融入教学，在学生培养工作中做出较大贡献。

2. 具有本专业系统、扎实的理论基础和渊博的专业知识，具有较高水平的研究成果和学术造诣，积极参与教学改革与创新。具有发表、出版的有较大影响的教学研究或者教改论文，著作或教科书等代表性成果，受到学术界的好评。参与过具有较大影响的教育教学改革项目，或获得教学类重要奖项。

3. 具备大学本科及以上学历或学士及以上学位，且担任讲师职务满5年；或具备博士学位，且担任讲师职务满2年。

（四）教授

教学科研型

1. 治学严谨，遵循教育教学规律，教学经验丰富，教学效果优良，形成有较大影响的教育理念和教学风格，在教学改革、课程建设等方面取得突出成果。承担过公共课、基础课或专业课的系统讲授工作，教学水平高超。将思想政治教育有效融入教学，在学生培养工作中做出突出贡献。

2. 具有本专业系统、扎实的理论基础和渊博的专业知识，具有突出水平的研究成果和学术造诣。具有发表、出版的有重要影响的学术论文、教学研究成果、著作或教科书等代表性成果，受到学术界的高度评价。主持过重要教学研究或科研项目，或作为主要参与者获得代表本领域先进水平的奖项，或从事科技开发、转化工作以及相关领域的创造、创作取得重大经济效益和社会效益。

3. 具备大学本科及以上学历或学士及以上学位，且担任副教授职务满5年。

教学为主型

1. 治学严谨，遵循教育教学规律，教学经验丰富，教学效果优秀，形成有很好影响的教育理念和教学风格。在教学改革、课程建设等方面取得创造性成果，发挥示范引领作用。承担过公共课、基础课或专业课的系统讲授工作，教学水平高超。将思想政治教育有效融入教学，在学生培养工作中做出突出贡献。

2. 具有本专业系统、扎实的理论基础和渊博的专业知识，具有突出水平的研究成果和学术造诣，积极推进教学改革与创新。具有发表、出版的有重要影响的教学研究或者教改论文、著作或教科书等代表性成果，受到学术界的高度评价。主持过具有重要影响的教育教学改革项目，或作为主要参与者获得教学类重要奖项。

3. 具备大学本科及以上学历或学士及以上学位，且担任副教授职务满 5 年。

后　　记

本书是在我的博士学位论文的基础上修改完成的，并得到了华中师范大学 2024 年度出版基金资助。

“非学无以广才，非志无以成学。”2007 年，硕士研究生毕业后，我来到华中师范大学工作，先是在学院从事学生工作，后来到机关从事人事人才工作。在日常工作中我结合实践撰写了几篇小文章，虽有一定的思考，但我始终觉得缺乏理论性和系统性。因此，我决定继续深造。我将这个想法和家人、单位的领导进行了沟通，他们都很支持。历经两次考试，2013 年秋，我终于有幸进入王坤庆教授门下，从事教育学原理专业的学习和研究。回首多年来的学习生活，有欢乐，也有忧愁。每当彷徨时，是老师与家人的鼓励和支持让我坚定了对目标的追求。

感谢我的导师王坤庆教授给我的关爱和指导。王老师学识渊博、治学态度严谨、学术造诣深厚，使我受益良多。论文从选题、框架确定再到写作，导师都给予了细心的指导与无私的帮助。论文初稿完成后，老师逐字逐句阅读和修改，从框架的调整到前后逻辑关系，从内容的增减到文字表述的准确性，都倾注了王老师的大量心血。王老师待学生宽严有度，始终关心学生的成长，在生活中更是不断鼓励我勇往直前。对王老师的感激之情，我自感无以回报，唯有继续努力，才能报答恩师的栽培之恩。

感谢教育学院的涂艳国教授、杜时忠教授、雷万鹏教授、陈佑清教授、程红艳教授、岳伟教授、田友谊教授、王帅教授、欧阳光华教授、杨杏芳教授及马克思主义学院的王世鹏教授等老师，正是这些师长们的教诲和指导，引领我在学业上不断前进。

感谢我的家人，夫人陈璐和儿子庄惟楚一直给我莫大的支持，父母和岳父母也一直关心我学业的进展。他们对我学业的殷切希望和无私支持才使我能一路前行，亲人的爱与支持一直是我不断前进的动力，也将始终陪伴我扬帆前行。

感谢中山大学、武汉大学、华东师范大学等高校人事工作战线同仁对我的帮助，在我向他们寻求聘任制改革实践材料时，他们都毫无保留地热心鼓励。

最后还要感谢学校人事部的领导和同事对我学业上的关心和支持，他们在工作上给我提供了很多的帮助，更使我对高校人事人才工作有了更深的理解。

本书的出版，得到了华中师范大学出版社总编付义朝、责编胡小忠的热情帮助与支持，在此一并表示感谢！

高校教师聘任制改革具有系统性、复杂性，需要不断地对其规律性进行认真深入的研究。囿于学识、经验，书中所述难免存在疏漏和不足，敬请各位读者批评指教。

庄甲鹏

2024 年 6 月于华中师范大学